ESSAI D'UN RÈGLEMENT

SUR

LE SERVICE TÉLÉGRAPHIQUE

EN CAMPAGNE

PAR

E. COSTA DE SERDA,
Capitaine d'état-major.

EXTRAIT DU SPECTATEUR MILITAIRE.

PARIS
CH. TANERA, ÉDITEUR
LIBRAIRIE POUR L'ART MILITAIRE, LES SCIENCES ET LES ARTS
Rue de Savoie, 6.
1866

ESSAI D'UN RÈGLEMENT

SUR

LE SERVICE TÉLÉGRAPHIQUE

EN CAMPAGNE

Paris. — Imprimerie de E. MARTINET, rue Mignon, 2.

ESSAI D'UN RÈGLEMENT

SUR

LE SERVICE TÉLÉGRAPHIQUE

EN CAMPAGNE

PAR

E. COSTA DE SERDA,

Capitaine d'état-major.

EXTRAIT DU SPECTATEUR MILITAIRE.

PARIS

CH. TANERA, ÉDITEUR

LIBRAIRIE POUR L'ART MILITAIRE, LES SCIENCES ET LES ARTS

Rue de Savoie, 6.

1866

ESSAI D'UN RÈGLEMENT

SUR

LE SERVICE TÉLÉGRAPHIQUE

EN CAMPAGNE

AVANT-PROPOS.

Les chemins de fer et l'électricité au point de vue militaire. — Utilité de la télégraphie électrique en campagne. — Nécessité d'organiser militairement le service télégraphique aux armées. — Exemple donné par plusieurs armées étrangères. — Lignes suspendues ou stratégiques; lignes rampantes ou tactiques. — Inconvénients de la transmission des ordres par voie verbale ou écrite. — Transmission par voie visuelle ou acoustique. — Nature et but de l'ouvrage.

I

Les découvertes faites dans les sciences depuis le commencement du siècle et leurs nombreuses applications étaient de nature à amener nécessairement des modifications assez essentielles dans l'art de la guerre.

Cet effet n'a pas tardé à se manifester d'une manière sensible, et déjà il est facile de constater les changements produits, au point de vue tactique, par le perfectionnement des armes à feu; c'est une révolution lente, mais continue, qui a soulevé déjà de nombreuses controverses, qui a ses adversaires et ses défenseurs, mais qu'en tout état de choses, il est devenu impossible de nier.

Les modifications stratégiques ont été plus grandes encore et plus rapides; les chemins de fer et l'électricité en ont été les deux principaux agents. Nous ne nous occuperons pas des premiers qui ont déjà fait l'objet de plusieurs ouvrages spéciaux; nous rappellerons seulement les horizons nouveaux qu'ils ouvrent à l'art de la guerre, ces concentrations rapides si difficiles autrefois, si fréquentes aujourd'hui; cette importance capitale qui prime toutes les autres considérations, qui règle, pour ainsi dire, les opérations des armées. La guerre d'Amérique nous offre, sous ce rapport, de nombreux et remarquables exemples que, jusqu'à ce jour, on a trop négligé d'étudier. Un travail intéressant et curieux serait aussi l'analyse des grandes guerres du commencement du siècle, étudiées au point de vue des modifications que les chemins de fer existants actuellement y auraient apportées.

L'électricité avec ses applications si utiles, comme moyen de transmission, ne pouvait non plus rester sans emploi sous le rapport militaire; on a compris de bonne heure l'avantage immense qu'il y a pour un général à se servir des lignes télégraphiques déjà établies le long des voies ferrées et des routes principales pour se trouver en rapport constant et immédiat avec sa base d'opérations, ses dépôts, ses magasins d'approvisionnements; puis calculant quelle force nouvelle une armée retirerait d'une communication instantanée de ses différents corps entre eux et avec le quartier général, on en est venu à construire des lignes télégraphiques temporaires, uniquement destinées au service de l'armée. Dans nos guerres modernes, alors que des troupes occupent souvent par leurs camps ou leurs cantonnements plusieurs lieues d'étendue, on voit facilement quelle face nouvelle peut donner à une campagne cette faculté de connaître à tout instant un événement qui se produit sur un point quelconque de la ligne. « Des différentes applications de la télégraphie, la plus importante dans un moment donné est bien certainement celle que l'on peut en faire aux opérations militaires. Quand on réfléchit que le télégraphe électrique donne à un général en chef, non-seulement la facilité de transmettre instantanément ses ordres aux différents corps d'armée qu'il commande, mais encore la possibilité d'être renseigné à chaque moment sur les mouvements de l'ennemi, quand on pense qu'une armée peut se trouver de cette manière reliée directement avec ses bases d'opérations et la mère-patrie, on se demande si, avec de pareils moyens, le hasard et l'imprévu joueront encore un rôle dans les guerres futures. Dans tous les cas, la partie pourra être jouée savamment, sans que des circonstances accidentelles viennent déranger les combinaisons, et le général en chef pourra déployer alors toute sa tactique et toute son habileté. » (Du Moncel, *Traité théorique et pratique de télégraphie électrique*.)

Sans partager d'une manière absolue les idées de M. du Moncel, nous pensons cependant que, grâce à l'emploi de la télégraphie électrique, la guerre perdrait en partie ce caractère d'incertitude qui, malgré les talents du chef, laisse presque autant au hasard qu'à l'habileté des combinaisons. On pourrait appliquer, et avec plus de raison, à la télégraphie, cette pensée de M. de Saint-Albin au sujet des aérostats employés en campagne : « Cette découverte semble enlever à la ruse pour restituer au courage la partie d'échecs que le courage seul pourrait alors gagner. »

Déjà dans nos dernières campagnes, nous avons vu des applications nombreuses de la télégraphie au service militaire. En Italie, des agents spéciaux, aidés de paysans, rétablissaient les lignes détruites, ou en établissaient de nouvelles à mesure que l'armée se portait en avant ; mais ce n'était encore là qu'un essai imparfait ; les paysans requis d'office se prêtaient de mauvaise grâce à ce travail, les moyens de transport faisaient défaut. M. Lair, chef du service télégraphique à l'armée d'Italie, s'exprime ainsi à ce sujet dans son rapport : « La plus grande difficulté que nous ayons eu à surmonter pendant toute la campagne a été celle du transport de notre matériel sur des charrettes de toutes formes, nullement appropriées à nos besoins, et ne pouvant prendre que de très-faibles chargements ; il était en outre très-difficile de faire marcher les voituriers, qui, n'étant soumis à aucune discipline, n'obéissaient que contraints par la force, et se sauvaient avec leurs voitures quand ils n'étaient pas bien surveillés, laissant sur la route nos poteaux et nos fils. La main-d'œuvre pour la plantation des poteaux a été souvent aussi un obstacle à la prompte exécution des lignes ; il fallait perdre un temps précieux pour recruter directement ou réclamer aux municipalités des manœuvres qu'elles étaient elles-mêmes très-embarrassées de nous fournir, et toujours en nombre insuffisant. »

Ces diverses considérations ont engagé M. Lair à proposer que le service télégraphique militaire fût organisé de la manière suivante :

1° Un chef de tout le service disposant d'autant de brigades que devra l'exiger l'extension des opérations militaires.

2° Chaque brigade comprend :

a. Un inspecteur expérimenté ayant sous ses ordres un adjoint inspecteur d'une classe inférieure, ou un directeur faisant fonctions d'inspecteur.

b. 4 stationnaires qui seraient renouvelés par le chef de service, à mesure que le nombre des stations s'accroîtrait.

c. 6 surveillants pour la distribution du matériel, la surveillance de la plantation des poteaux, le déroulement du fil, sa pose et celle des supports.

d. Un détachement de planteurs (15 hommes), commandé par un sous-officier.

e. Un détachement du train des équipages avec 10 chariots dont 8 chargés de poteaux et 2 de fils, supports et outils.

« Depuis ce rapport, ajoute M. du Moncel, l'administration des lignes télégraphiques a établi pour ce genre de transports, des fourgons spéciaux qui paraissent être dans d'excellentes conditions. Ce sont des espèces de chariots couverts dont la partie du devant, formant une sorte de coupé, renferme, tout installés, les appareils télégraphiques; c'est en quelque sorte un bureau ambulant qui porte avec lui un matériel suffisant pour une installation volante, c'est-à-dire des câbles solides et légers. »

Malgré ces perfectionnements, l'organisation de la télégraphie militaire n'est pas encore arrivée au point que lui assigne son importance en campagne. Il est admis en principe que l'armée doit se suffire à elle-même et trouver dans son propre sein les éléments de tous les services nécessaires à la guerre; c'est à cette idée générale que nous devons l'organisation militaire donnée successivement aux charrois de l'artillerie, au train des équipages, aux services administratifs; pourquoi donc faire une exception à cette règle à l'égard du service télégraphique, appelé à prendre de jour en jour une importance plus grande? Quelques employés détachés de leur service ordinaire, des voitures spéciales appropriées à leur destination, constituent évidemment un progrès, mais l'exécution pratique ne laisse pas moins beaucoup encore à désirer. Ce n'est pas au moment de commencer une campagne, au milieu des préparatifs de toute nature qui absorbent les instants d'une armée qui va entreprendre des opérations actives, que l'on peut prétendre s'occuper sérieusement et à tête reposée de compléter l'organisation d'un service aussi minutieux; des paysans requis, souvent dans un pays animé d'intentions hostiles, des soldats détachés temporairement de leur corps, n'offrent pas les garanties nécessaires et d'ailleurs, avec la meilleure volonté possible, ils manqueront toujours de la pratique nécessaire pour conduire promptement à terme un travail dont la rapidité forme la qualité essentielle.

Ces considérations ont éveillé depuis quelques années déjà l'attention de plusieurs puissances étrangères; des hommes compétents ont reconnu que, pour assurer d'une manière certaine la bonne exécution des lignes télégraphiques aux armées, il était de toute nécessité de profiter des loisirs de la paix pour donner à ce service, dans tous ses détails, une organisation exclusivement militaire; dès lors, la guerre venant à éclater, les agents spéciaux, familiarisés depuis longtemps avec les fonctions auxquelles ils sont appelés, construiront rapidement et sans concours étranger les lignes télégraphiques; l'opération réglementée comme une manœuvre militaire, s'accomplira alors avec ordre et précision; chacun connaissant sa tâche la remplira sans hésitation, sans perte de temps, sans détérioration du matériel, en toutes circonstances et en tout pays.

Des règlements sur ce sujet existent dans la plupart des armées étrangères et notamment en Russie, en Prusse et en Autriche, mais ils n'ont pas été livrés à la publicité; les États-Unis d'Amérique, l'Italie, ont également organisé un service télégraphique militaire. Une instruction sur la télégraphie en campagne a été donnée à l'armée hanovrienne; c'est en nous inspirant de ce travail qui offre, sous une forme nette et concise, tous les détails strictement nécessaires à la construction des lignes militaires, que nous établirons le règlement proposé qui fera l'objet du chapitre Ier.

II

Les règles posées dans l'Instruction dont nous venons de parler s'appliquent uniquement à la construction des ligues suspendues, c'est-à-dire établies au moyen de fils soutenus par des poteaux comme les lignes permanentes; l'emploi de ces lignes, qui, quoique temporaires, présentent cependant un certain caractère de durée, est surtout utile pour mettre en rapport des troupes échelonnées sur des côtes ou le long d'un fleuve, pour établir des communications entre les divers cantonnements d'une armée ou pour correspondre avec les places qui forment la base d'opérations ou les dépôts d'approvisionnements; pour résumer cet emploi, ce sont des *lignes stratégiques*; mais il est un autre ordre de faits de guerre dans lequel la télégraphie pourrait être aussi du plus grand secours; nous voulons parler des opérations même d'un champ de bataille ou d'un siége et de l'emploi des lignes rampantes que, par opposition avec les précédentes, on pourrait appeler *lignes tactiques*.

Des expériences ont été faites à ce sujet au camp de Châlons en 1862, en présence de S. Exc. le maréchal de Mac-Mahon et de M. de Vougy, directeur général des télégraphes, et sous la direction de MM. les capitaines Schultz et Raynaud; elles ont donné des résultats très-satisfaisants qui ont démontré la facilité pratique de la transmission des ordres par l'électricité.

Malgré ce succès qui semblait autoriser à croire que l'on ne s'en tiendrait pas à ces premiers essais, nous n'avons pas entendu dire que depuis cette époque on se soit occupé d'une manière suivie de doter les armées en campagne de ce nouveau mode de communication ; cependant il n'est aucun militaire qui, après avoir assisté à de grands mouvements de troupes sur un champ de bataille ou même dans un camp d'instruction, n'ait constaté combien la transmission des ordres est lente et difficile. Une volonté unique est appelée à mettre en action des corps de toutes armes occupant une grande étendue de terrain et séparés souvent entre eux par des bois, des marais, des ravins ou d'autres obstacles naturels; dans bien des cas, un mouvement, dont le général en chef peut seul constater l'opportunité, suffirait pour décider du sort de la bataille, et là où il serait si essentiel que les ordres se transmissent avec une rapidité presque instantanée, on en est encore réduit à envoyer des officiers à cheval. Le commandant en chef, qui voit le moment où telle manœuvre va amener le succès, donne les ordres; l'officier part, tourne ou franchit les obstacles, parcourt une longue ligne, souvent au milieu des troupes qui ne lui permettent pas de trouver immédiatement le général qu'il cherche, et lorsqu'enfin il arrive, il est trop tard, le moment est passé et l'effet attendu est manqué.

Ceci n'est point un tableau fait à plaisir; maintes fois il nous a été donné d'observer ce que nous venons de dire, et de sentir la nécessité absolue d'un moyen de transmission plus rapide; la télégraphie électrique ou l'emploi de certains signaux conventionnels paraissent devoir nous fournir ce moyen que nous examinerons plus loin en détail.

Enfin dans les divisions elles-mêmes, l'inconvénient que nous venons de signaler se représente quoique sur une échelle moindre; la ligne est trop étendue, la colonne est trop profonde pour permettre au général de diriger ses troupes à la voix; il faut donc encore et même pour les mouvements les plus simples recourir à l'envoi d'officiers d'état-major; veut-on arrêter la ligne, la remettre en marche, former les bataillons en colonne, les déployer, en un mot, exécuter les divers mouvements tactiques renfermés dans l'ordonnance sur les manœuvres, il faut en transmettre l'ordre aux généraux de brigade qui en préviennent les colonels, qui eux-mêmes sont obligés souvent, ne pouvant commander à la voix, d'en faire avertir les chefs de bataillon. De là résulte de la lenteur, peu de simultanéité dans les mouvements et en résumé une perte de temps. Mais ici la télégraphie électrique n'est plus applicable; le temps employé à établir la communication, à expédier et à recevoir la dépêche, ne donnerait aucun avantage de rapidité sur le mode actuel de transmission verbale. D'ailleurs, le général de division est constamment en mouvement ainsi que ses troupes; il ne peut, comme le commandant en chef, occuper d'une manière à peu près permanente une position centrale; les difficultés d'exécution paraissent donc insurmontables. Ici encore il faut recourir à l'usage de signaux soit visuels, soit acoustiques, destinés à fournir pour les manœuvres les plus fréquentes une série d'indications conventionnelles qui remplaceraient, au moins en grande partie, l'expédition verbale des commandements.

Cette partie essentielle de la télégraphie militaire fera également l'objet d'un chapitre spécial.

III

Avant d'aborder l'étude des diverses questions énumérées ci-dessus, nous croyons nécessaire de préciser la nature de ce travail ; il décline toute prétention à être un livre scientifique ; c'est simplement, ainsi que l'indique son titre, une Instruction pour l'*Organisation militaire* du service télégraphique ; il évite d'aborder les considérations techniques qui font l'objet de tant de travaux remarquables ; quelques parties cependant nécessitaient des explications de cette nature ; placées dans le corps même de l'ouvrage, elles auraient nui au rapide développement de la théorie, elles ont donc été mises sous forme de notes à la fin du volume.

Ainsi établi, ce travail est à la portée de tous. Aux agents subalternes il indique chaque détail de leurs fonctions, aux chefs de service il fournit un cadre dans lequel peuvent trouver place les connaissances puisées dans les œuvres spéciales.

L'exemple de plusieurs armées étrangères, l'importance plus grande chaque jour de la télégraphie en campagne, paraissaient rendre nécessaire l'adoption de règles fixes et précises ; nous avons essayé de les poser en nous guidant sur ce qui avait déjà été fait; puissent-elles être sanctionnées par l'approbation des personnes compétentes.

CHAPITRE PREMIER.

LIGNES SUSPENDUES.

INTRODUCTION.

§ 1. — DIFFÉRENTES ESPÈCES DE TÉLÉGRAPHES DE CAMPAGNE.

Deux espèces d'appareils télégraphiques sont le plus ordinairement employés en campagne :

1° L'appareil de Morse, modifié par Digney, comprenant :

a. Une voiture des parcs avec le matériel nécessaire à la construction d'une ligne d'un myriamètre environ.

b. 2 voitures-stations.

2° L'appareil électro-magnétique à cadran, comprenant la voiture des parcs avec le matériel nécessaire à la construction d'une ligne d'un myriamètre et les deux appareils télégraphiques.

§ 2. — PROPRIÉTÉS PARTICULIÈRES ET EMPLOI DE CES DEUX SORTES DE TÉLÉGRAPHES.

Les appareils de Morse et leurs nombreux dérivés se trouvent en usage sur la plupart des lignes permanentes. Cette considération, jointe à la facilité que l'on a ainsi à se relier aux lignes déja existantes, a fait adopter ces appareils pour la télégraphie de campagne.

L'appareil Digney, en particulier, a l'avantage de produire des signes imprimés à l'encre sur la bande de papier et celui plus grand encore de pouvoir fonctionner sans relai, mais il nécessite l'emploi de voitures-stations, et exige des télégraphistes expérimentés.

L'appareil électro-magnétique, au contraire, est beaucoup plus simple; il est transporté sur la voiture des parcs en même temps que le matériel, et il peut être manœuvré par des télégraphistes moins habiles, mais il a l'inconvénient de ne laisser aucune trace écrite de la dépêche.

Toutefois il est essentiel, au point de vue militaire, d'avoir à sa disposition ces deux sortes d'appareils (*note* 1).

Le but le plus immédiat de l'un comme de l'autre de ces systèmes de télégraphie est leur emploi pour la défense des côtes, des rivières, des chaînes de montagnes, la mise en communication d'une armée avec sa base d'opérations, etc.

§ 3. — PERSONNEL ET MATÉRIEL.

Le personnel comprend, par corps d'armée:

1° Un officier supérieur chef de service, attaché au quartier général; il est chargé de l'organisation et de la surveillance du service; il a, à cet effet, l'état nominatif par grades et par corps des officiers, sous-officiers et soldats qui ont suivi les cours télégraphiques (§ 37). Le chef d'état-major général lui donne avis des mutations qui peuvent survenir dans ce personnel.

Au moyen de ces états et à mesure que le service

l'exige, les brigades sont organisées et munies du matériel nécessaire.

2° Un certain nombre de brigades qui peut être augmenté ou diminué suivant l'extension donnée au service télégraphique.

Le matériel télégraphique de campagne se distingue en *matériel pesant* et *matériel volant.*

Le matériel pesant, destiné à la construction des lignes suspendues, se compose, par corps d'armée, de :

1° Pour l'appareil Digney.

3 voitures des parcs.
2 voitures-stations.

2° Pour l'appareil électro-magnétique.

3 voitures des parcs.

Le matériel volant sert à la construction des lignes rampantes ; il se compose, par corps d'armée, de :

1° Pour l'appareil Digney.

2 voitures des parcs.
2 voitures-stations.

2° Pour l'appareil électro-magnétique.

2 voitures des parcs.

Contrairement au principe adopté pour les divers services, ce matériel est réuni par corps d'armée et non réparti entre les divisions. C'est toujours du quartier général que part l'ordre d'établir les communications télégraphiques, mais rien ne s'oppose, pour les lignes d'une certaine étendue, à ce que la construction soit entreprise sur plusieurs points à la fois.

Le tableau ci-dessus indique le minimum du matériel que tout corps d'armée emmènera constamment avec lui, mais, selon les circonstances, ce matériel pourrait être augmenté de manière à faire face à tous les besoins.

A. LA BRIGADE POUR LE SERVICE DU TÉLÉGRAPHE DE CAMPAGNE.

§ 4. — EFFECTIF DE LA BRIGADE.

Pour le service d'un télégraphe de campagne (appareil Digney ou appareil électro-magnétique) il est nécessaire d'avoir une brigade dont l'effectif ne peut descendre au-dessous d'un certain minimum si l'on veut atteindre le but de la télégraphie en campagne, c'est-à-dire le rapide établissement d'une ligne.

La composition suivante indique ce minimum.

NOMBRE d'hommes.	BRIGADE DE LIGNE suspendue.	Officiers.	S.-officiers brigadiers.	Soldats.	Chevaux.
1	Officier (monté)............	1	»	»	1
4	Télégraphistes (stationnaires)..	»	4	»	»
3	Sous-officiers..............	»	3	»	»
12	Soldats...................	»	»	12	»
	Train et voitures.				
	a. — Pour l'appareil à voiture-station.				
2	Une voiture des parcs.......	»	»	2	4
2	Deux voitures-stations.......	»	»	2	4
1	Un brigadier du train.......	»	1	»	1
25	Total......	1	8	16	10
	b. — Pour l'appareil électro-magnétique à cadran.				
2	Une voiture des parcs.......	»	»	2	4
1	Un brigadier du train.......	»	1	»	1
23	Total. (*Note* 2).	1	8	14	6

Remarques.

1° Ce minimun sert aussi de base à la répartition de la brigade pour la construction de la ligne.

2° Afin que ce minimum puisse être constamment maintenu, l'effectif en soldats sera toujours de 16 à 18 hommes pour permettre de parer aux pertes, — maladies ou toute autre cause, — qui pourraient se produire en temps de guerre.

3° S'il était nécessaire de prolonger la ligne de 2, 3 myriamètres, il suffirait d'ajouter à la brigade formée comme ci-dessus, pour chaque myriamètre, une voiture des parcs avec 2 soldats du train et 4 chevaux.

§ 5. — RÉPARTITION DE LA BRIGADE.

Pour l'établissement de la ligne, la brigade est divisée en deux troupes de 6 soldats chacune, savoir :

1° La troupe de la voiture comprenant :

La file du fil, *a* et *b*.
La file du matériel, *a* et *b*.
La file des trous, *a* et *b*.

2° La troupe de construction comprenant :

La file de la ligne, *a* et *b*.
La file des dameurs, *a* et *b*.
La file de réserve, *a*, et *b*.

Le premier sous-officier commande les deux troupes. Le deuxième sous-officier a sous ses ordres la troupe de la voiture ; le troisième, la troupe de construction.

Si la brigade a un effectif supérieur à 12 soldats,

l'excédant peut être placé en réserve, ou envoyé, sur l'ordre de l'officier et suivant les besoins du moment, à l'aide de l'une ou de l'autre troupe.

B. ÉTABLISSEMENT DU FIL.

I. — Matériel. — Outils. — Voiture des parcs.

§ 6. — MATÉRIEL POUR LA CONSTRUCTION DE LA LIGNE.

Le matériel nécessaire à l'établissement d'une ligne d'un myriamètre environ de longueur se compose de :

4 bobines avec du fil de fer (*note* 3).
1 axe creux, pour le cas où il est nécessaire de porter à bras les bobines.
1 manivelle.
1 câble entouré de chanvre, d'une longueur de 300 mètres (*note* 4).
2 manchons à relier le câble.
1 fourreau pour ces manchons.
1 bobine de fer pour enrouler le câble.
1 caisse pour enfermer et transporter le câble.

Divers fils recouverts de gutta-percha.

210 poteaux télégraphiques avec les isolateurs (*note* 5).
20 pinces à poteaux ou brides.
20 pattes isolantes.
30 piquets avec leurs fils (haubans).

§ 7. — INSTRUMENTS DE TRAVAIL.

Les instruments de travail nécessaires à la construction de la ligne, sont :

2 ciseaux (1).

(1) Nous avons traduit le mot *Locheisen* par *ciseau*, mais c'est plutôt une sorte de *langue-de-bœuf* à manche de fer et d'une seule pièce.

2

2 pilons.
1 sonde.

Une caisse à outils avec accessoires, savoir :

1 marteau.
1 tenaille à pinces tranchantes.
1 tenaille à pinces douces.
1 couteau.
1 lime demi-cylindrique.
2 pinces à fil ou serre-fils.
2 pinces à relier le câble avec leurs accessoires.
Des aiguilles assorties.
Des rubans rouges et blancs.
Du papier de verre.

Une ceinture de travail avec sa poche, renfermant :

1 hachette.
1 tenaille à pinces douces.
1 tenaille à pinces tranchantes.
2 forets.
1 boîte à graisse.
2 serre-fils.
Quelques rubans blancs.
Du papier de verre.
Du fil de laiton.

Une seconde ceinture semblable, renfermant :

1 échelle.
1 ciseau à tailler les arbres.
2 gants.
6 fanions.

§ 8. — LA VOITURE DES PARCS.

Cette voiture est à quatre roues avec des rideaux de toile et un volet fermant à clef ; elle est attelée de quatre chevaux.

A. — *Accessoire de la voiture.*

2 pics.
2 bêches.
1 hache.
1 hachette.
1 cric.
1 vase à graisse.
1 cadenas avec sa clef.

B. — *Arrimage du matériel et des outils dans la voiture.*

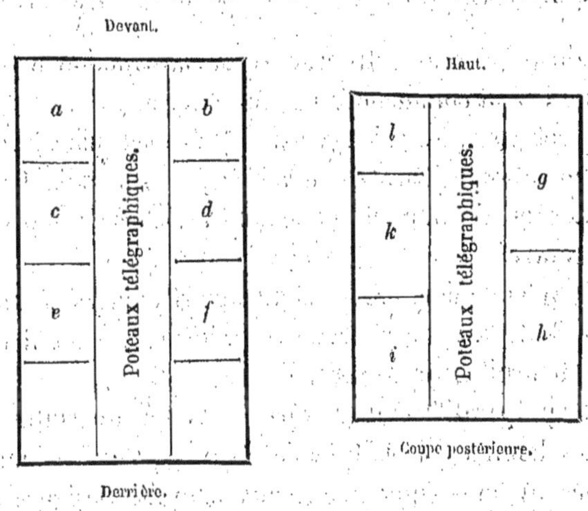

a et *b*. Armes et équipement des hommes de la brigade.
c. Les deux ceintures à poche et les gants.
d. Les fils de gutta-percha.
e. Les plaques de terre des appareils.
f. Provisoirement vide.
g. Les pattes isolantes et les fanions.
h. Les pinces à poteaux ou brides.
i. Les cinq outils de fer (ciseaux, pilons, sonde).
k. Les piquets garnis de leurs lignes.
l. Les tasseaux de séparation des poteaux pendant la construction de la ligne.

Les bobines sont fixées sur la partie supérieure de la voiture où se trouvent aussi la caisse du câble, celle des outils, etc. Les accessoires de la voiture sont également assujettis en divers points de la voiture.

II. — Construction de la ligne.

A. OPÉRATIONS PRÉLIMINAIRES.

§ 9. — DISPOSITION DE LA VOITURE POUR LE TRAVAIL.

Lorsqu'on veut entreprendre la construction d'une ligne, il faut commencer par préparer la voiture.

A cet effet, les rideaux sont débouclés, placés sur la partie supérieure de la voiture, en les roulant de dedans en dehors, et solidement attachés au moyen des courroies.

Le volet de derrière est alors ouvert et attaché au-dessous de la voiture ; la barre de fermeture est fixée au côté droit de la voiture.

Ces préparatifs sont faits par la troupe de voiture.

Les hommes de la brigade déposent ensuite leurs armes et leur équipement aux endroits désignés *a* et *b*.

§ 10. — DISTRIBUTION DES INSTRUMENTS DE TRAVAIL.

Le deuxième sous-officier qui a la surveillance spéciale des outils et du matériel, et qui est en outre responsable de leur remise exacte après le travail, distribue à chacun suivant ses fonctions, et avec l'aide de la file du matériel, les objets suivants (voy. § 8, *Arrimage du matériel*).

1° *Troupe de voiture.*

a de la file du fil reçoit la manivelle pour l'adapter à l'une des bobines.

a et *b* de la file des trous reçoivent chacun un ciseau.

2° *Troupe de construction.*

a et *b* de la file de la ligne : chacun un gant et un piquet entouré de sa ligne.

a et *b* de la file des dameurs : chacun un pilon, une ceinture à poche avec ses accessoires, une patte isolante (à porter dans la poche de la ceinture); un piquet garni de sa ligne (à porter de la même manière).

a de la file de réserve : trois ou quatre poteaux télégraphiques et quelques fanions.

b de la file de réserve : les cisailles, si leur emploi paraît devoir être nécessaire.

Le deuxième sous-officier se munit lui-même de la sonde.

B. LA STATION DE DÉPART.

§ 11. — ÉTABLISSEMENT DE LA STATION.

Aussitôt que le télégraphiste de la station de départ a reçu de l'officier l'indication de la place choisie, il s'y transporte pour s'y établir et relier son appareil avec le fil.

Cette opération varie suivant que l'on veut faire usage de l'appareil Digney ou de l'appareil électro-magnétique.

1° *Appareil Digney.*

Avec cet appareil, l'établissement est facile; la voiture forme la station, et donne aussi le point de départ du fil.

Le fil est relié à l'appareil par le télégraphiste ou par l'homme *a* de la file de la ligne.

Le télégraphiste procède toujours lui-même à l'enfouissement de la plaque de terre, attendu qu'il a tout le temps nécessaire pendant la construction de la ligne, et qu'en outre il a les outils destinés à cet usage.

2° *Appareil électro-magnétique à cadran.*

Avec cet appareil, il faut observer les règles suivantes :

a. La file des dameurs enlève de la voiture l'appareil destiné à la station de départ.

b. Il est essentiel de choisir comme premier point de la ligne un objet solide (arbre, pilier de maison, etc.), auquel une patte isolante sera vissée. Dans le cas où cela n'est pas possible, le premier poteau télégraphique forme le premier point de la ligne.

c. Pour l'établissement de ce poteau, on emploiera :

L'homme *a* de la file des trous pour creuser le trou.

L'homme *a* de la file des dameurs pour apporter le poteau, les piquets nécessaires, et pour assujettir solidement ce poteau.

L'homme *a* de la file de la ligne pour aller prendre le commencement du fil, et le fixer au poteau d'après les indications du télégraphiste.

d. L'enfouissement de la plaque est fait par la file des dameurs ; à cet effet, l'homme *b* de cette file va chercher dans la voiture la plaque, ainsi que les deux bêches, et il y rapporte ces dernières, l'opération terminée.

C. LA CONSTRUCTION PROPREMENT DITE.

1. Dans les circonstances ordinaires.

§ 12. — MARCHE DE LA CONSTRUCTION EN GÉNÉRAL.

La marche générale de la construction est réglée ainsi qu'il suit :

1° L'officier qui a reçu l'indication de l'emplacement des deux stations reconnaît le terrain entre ces deux points, et cherche la direction qu'il conviendra de donner à la ligne.

2° Le premier sous-officier jalonne, d'après les instructions de l'officier et au moyen des fanions, les points principaux de la ligne en s'y portant successivement.

3° Après que la station de départ est établie, et que le premier intervalle est marqué, la voiture des parcs se met en marche en suivant la ligne jalonnée, et en déroulant le fil.

4° La troupe de voiture suit immédiatement la voiture des parcs, fait les trous nécessaires au placement des poteaux, et dépose ceux-ci à côté.

5° La troupe de construction établit la ligne, fixant le fil aux poteaux, et dressant ensuite ceux-ci.

§ 13. — L'OFFICIER.

L'officier chargé de la construction de la ligne a seulement pour mission de surveiller les diverses fractions de la brigade, et de les diriger dans leurs travaux; en conséquence, il se portera tantôt à la tête et tantôt à la queue du travail.

La reconnaissance du terrain que doit parcourir la ligne doit toujours être faite avant le commencement des opérations, et jamais pendant leur exécution.

C'est encore à l'officier qu'il appartient de prescrire les changements de fonctions qu'il juge de nature à faciliter la construction. Si la brigade comprend douze soldats (§ 4), la meilleure règle à suivre pour ces changements sera la suivante :

1° La file du fil permute en elle-même, si toutefois l'homme *b* est assez apte aux fonctions de l'homme *a*. Dans le cas contraire, il n'y a pas de changement.

2° La file du matériel permute avec la file des trous.

3° La file de la ligne avec la file des dameurs.

4° La file de réserve permute en elle-même, lorsqu'un changement de cette nature paraît indispensable.

§ 14. — LE PREMIER SOUS-OFFICIER.

Le premier sous-officier, chargé de jalonner la ligne, doit observer les règles indiquées ci-après :

1° Dans le choix de la désignation des points, s'assurer tout d'abord que la nature du sol permet d'y placer les poteaux, et qu'il ne sera pas nécessaire d'enlever les bobines de la voiture.

2° Les angles présentant certaines difficultés, s'efforcer autant que possible d'établir la communication en ligne droite, en cherchant toujours à avoir aussi peu de coudes que les circonstances le permettront (*note* 6).

3° Dans le choix des points sommets des angles, il faut considérer, non-seulement s'il n'est pas essentiel de consolider le poteau au moyen de haubans, mais encore s'il ne serait pas nécessaire d'employer des poteaux à rallonges comme poteaux d'angles.

4° Les sommets des angles sont indiqués au moyen de fanions.

5° Afin que le deuxième sous-officier, chargé de tracer la ligne *en détail*, puisse se diriger facilement et en ligne droite sur les points d'angle, on aura le soin, surtout dans les longues lignes, de placer, à cinquante ou cent pas en arrière de l'angle, un poteau (sans fanion) comme point intermédiaire.

6° Pour le transport des poteaux (avec ou sans fanion) nécessaires au jalonnement de la ligne, on emploie l'homme *a* de la file de réserve, lequel reçoit à cet effet trois ou quatre poteaux (§ 10).

§ 15. — LE BRIGADIER DU TRAIN.

La voiture des parcs sur laquelle se trouvent le fil à dérouler et les poteaux, doit, conformément au § 12, s'avancer en suivant la ligne jalonnée.

Le brigadier du train est chargé de diriger sa marche en se réglant sur les indications et les signes du deuxième sous-officier, dans le cas où il n'aurait pas reçu de l'officier ou du premier sous-officier des instructions particulières.

Ce brigadier doit aussi veiller d'une manière spéciale à ce que les soldats du train conduisent la voiture à une allure uniforme pour éviter une rupture du fil.

En principe, la voiture ne doit pas être éloignée de plus de cent pas de la troupe de voiture.

§ 16. — LE DEUXIÈME SOUS-OFFICIER.

Le deuxième sous-officier indique sur la ligne jalonnée par le premier sous-officier, les points espacés de cinquante pas, auxquels les poteaux devront être placés.

A cet effet, il tâte le terrain avec la sonde, afin de s'assurer s'il ne présente pas des obstacles ou des difficultés, auquel cas il choisit un autre point.

Si le premier sous-officier a placé un jalon au point intermédiaire, en arrière du fanion qui indique le sommet d'un angle (§ 14), il sera facile au deuxième sous-officier de se prolonger en ligne droite ; dans le cas contraire, il choisit lui-même des points intermédiaires pour assurer sa marche, se réglant toujours sur ce principe que la ligne doit être droite. Il est bien entendu qu'il n'est pas nécessaire de s'astreindre rigoureusement à des intervalles égaux de cinquante pas entre les poteaux. Des augmentations ou des diminutions de dix à vingt pas sont, non-seulement permises, mais même prescrites quand il pourra en résulter un avantage, comme par exemple de placer un poteau précisément à côté d'un chemin que l'on a à franchir, d'atteindre un point plus favorable, d'éviter un terrain difficile, etc.

C'est surtout dans le voisinage des angles qu'il importe d'avoir égard à la régularisation des intervalles.

Dans le cas où il est nécessaire d'employer des poteaux d'angle, des poteaux d'exhaussement (pour le franchissement des chemins), des pattes isolantes (quand on a des points fixes solides), le deuxième sous-officier en prévient, par un signal convenu, l'homme *a* de la file du matériel resté auprès de la voiture.

Il faut éviter l'emploi, pour les angles, de poteaux à rallonges.

§ 17. — LA TROUPE DE VOITURE.

1° *La file du fil.*

Cette file est chargée de procéder au dévidement du fil.

A cet effet, *a* se tient sur le marche-pied de la voiture d'où il surveille le développement régulier du fil, ayant toujours l'œil sur la bobine et dirigeant en conséquence le mouvement de la voiture.

Si le fil vient à se rompre, il en relie les deux morceaux. Ce point de raccord est indiqué par un ruban blanc.

Un ruban rouge désigne le point auquel les fils de deux bobines sont reliés ensemble.

a trouve les instruments nécessaires à ces opérations dans la caisse à outils (§ 7).

Il est aidé par *b* de la même file qui a aussi pour mission, lorsque la voiture ne peut pas suivre exactement la ligne, de veiller à ce que le fil soit déroulé le plus près possible de cette ligne, et repose sur le sol sans former des coudes.

2° *La file du matériel.*

C'est à cette file qu'il appartient de fournir les poteaux et tout le matériel nécessaire à la ligne.

a de cette file reste constamment derrière la voiture, prêt à en retirer le matériel nécessaire (quelquefois sur l'indication du deuxième sous-officier, voy. § 15).

Ce matériel se compose :

a. Pour un point de départ ou d'arrivée, d'un poteau et d'un piquet.

b. Pour les points intermédiaires, d'un poteau.

c. Pour les points d'angles, d'un poteau et d'un piquet.

d. Pour les poteaux à rallonges, de deux poteaux, deux brides et trois piquets.

e. Pour les points fixes solides, d'une patte isolante et quelquefois de l'échelle.

L'homme *b* reçoit ce matériel, le transporte auprès du deuxième sous-officier, et le dépose aux points qui lui sont désignés.

Les poteaux sont placés perpendiculairement à la direction de la ligne, de manière que l'extrémité du côté de l'isolateur se trouve sur le point où le poteau devra être établi.

Pour cela, il faut se régler sur les poteaux plantés comme sommets des angles ou comme points intermédiaires par le premier sous-officier qui a jalonné la ligne; en conséquence *b* aura soin de retirer les fanions qui indiquent les angles, et de les rapporter à la voiture, afin qu'en cas de besoin, *a* de la file de réserve puisse venir les y reprendre.

Si, pour l'établissement d'une patte isolante, la troupe de construction a besoin de l'échelle, l'homme *b* de la file du matériel la porte au point nécessaire, pose la patte isolante à côté de l'échelle et retourne à la voiture.

Quand on est dans le cas d'avoir à employer consécutivement plusieurs pattes isolantes, le deuxième sous-officier en donne avis à la file du matériel; l'homme prend aussitôt le nombre de pattes nécessaire, et les dépose à côté de l'échelle.

3° *La file des trous.*

Cette file a pour emploi de faire les trous destinés à recevoir les poteaux.

Les deux hommes, se devançant alternativement, creusent ces trous sur l'indication du deuxième sous-officier qui leur indique les points où ils doivent opérer.

Les trous doivent avoir 60 centimètres de profondeur (*note* 7).

Quand il y a lieu d'employer consécutivement plusieurs pattes isolantes, l'emplacement de la première est toujours marqué par l'échelle; les autres points sont indiqués par les deux hommes de la file des trous, qui, s'il en est besoin, se prolongent en se devançant alternativement. Ces hommes restent aux points désignés par le premier sous-officier, jusqu'à ce que, la troupe de construction étant arrivée, le troisième sous-officier ait pris connaissance de ces points.

Dans ce cas, la troupe de voiture a soin de n'avancer que très-lentement.

§ 18. — LA TROUPE DE CONSTRUCTION.

Le troisième sous-officier a la surveillance de la troupe de construction, dont les fonctions sont les suivantes :

Après l'établissement de la station de départ (§ 11) *a* de la file de la ligne et *a* de la file des dameurs se portent au point où doit être établi le deuxième poteau ; les deux hommes *b* des mêmes files se rendent sur l'emplacement du troisième poteau.

1° *La file de la ligne.*

Arrivé à ce troisième poteau, *b* de la file de la ligne prend le fil, le tend doucement et commande = haut =.

A ce commandement, *a* de la file de la ligne, après avoir tourné deux fois le fil autour de l'isolateur du deuxième poteau, dresse ce poteau et le place dans le trou, puis il se porte vivement au quatrième poteau, saisit le fil, le tend doucement, et commande à son tour = haut = ; sur quoi, *b* de la file répète au troisième poteau ce que *a* a fait au deuxième.

Ces deux hommes, continuant ainsi en alternant, placent de la même manière tous les autres poteaux.

2° *La file des dameurs.*

Après que *a* de la file de la ligne a quitté le deuxième poteau, *a* de la file des dameurs dame solidement, puis il suit *a* de la file de la ligne aux poteaux 4, 6, 8..., où il répète la même opération.

b de la file des dameurs remplit le même office auprès de *b* de la file de la ligne aux poteaux 3, 5, 7...

Les deux hommes de la file des dameurs doivent faire en sorte de suivre aussi rapidement que possible les deux hommes de la file de la ligne, afin de pouvoir leur venir en aide, notamment aux poteaux d'angles et aux poteaux à rallonges ; cela est d'autant plus nécessaire qu'ils portent dans leur sacoche les outils dont l'emploi est indispensable dans certains cas, comme, par exemple, pour renouer le fil brisé, pour visser les pattes isolantes, etc.

3° *La file de réserve.*

L'homme *a* de cette file aide le premier sous-officier à jalonner la ligne (§ 10 et 14). Lorsque les fanions et les poteaux qu'il a reçus au commencement des opérations sont tous employés, il retourne à la voiture pour s'en faire délivrer d'autres. La marche plus lente de la troupe de construction lui donnant en principe tout le temps nécessaire pour cela, la construction de la ligne ne devra jamais en être arrêtée.

L'homme *b* de la file de réserve porte les cisailles (§ 9). Il a pour mission d'élaguer les branches qui pourraient toucher le fil (*note* 8).

Il se tient ordinairement à la queue des travaux, ce qui lui permet de vérifier en même temps si les poteaux sont suffisamment solides.

Éventuellement, il peut encore venir en aide à la file de la ligne et à celle des dameurs.

§ 19. — CONSIDÉRATIONS PARTICULIÈRES SUR LES DIFFÉRENTES ESPÈCES DE POTEAUX.

Il est indispensable de donner quelques indications spéciales sur les diverses sortes de poteaux indiqués ci-après.

1° *Poteaux de départ et d'arrivée.*

Si au point de départ ou d'arrivée du fil il est nécessaire d'établir un poteau, celui-ci sera consolidé au moyen d'un hauban tendu dans le prolongement de la direction du fil.

2° *Poteaux d'exhaussement pour le franchissement des chemins.*

Afin que le fil, dans le cas où il viendrait à se rompre, ne traîne pas sur le chemin, ce qui occasionnerait des inconvénients graves, on aura soin de le fixer aux isolateurs des poteaux de franchissement, de telle manière qu'il ne puisse glisser.

On obtiendra ce résultat en attachant le fil à l'isolateur au moyen d'un fil de laiton qui reliera les deux points de détachement du fil.

3° *Poteaux à rallonges.*

L'assemblage des poteaux à rallonges aura lieu, en règle générale, de telle manière que les deux pinces ou brides relient en même temps le milieu du premier poteau avec l'extrémité du deuxième, et le milieu du deuxième avec l'extrémité du premier.

Tout poteau à rallonge doit être consolidé au moyen de trois haubans, dont les lignes sont fixées à l'isolateur du poteau inférieur.

Les deux hommes de la file des dameurs prêtent leur concours à cette opération.

4° Poteaux d'angle.

Pour la mise en place des poteaux d'angle, on a recours à l'emploi simultané des deux hommes chargés, l'un de dresser les poteaux, l'autre de les assujettir avec la dame.

L'homme de la file de la ligne saisit le fil à dix ou vingt pas environ, au delà du point d'angle, et le tend doucement dans le prolongement de l'ancienne direction.

L'homme de la file des dameurs fixe le hauban autour du support de l'isolateur, enroule le fil autour de l'isolateur, dresse le poteau et le place dans le trou.

Si le fil doit être fixé sur l'isolateur, on l'attache comme il a été dit ci-dessus.

Après avoir solidement assuré le poteau dans le sol, l'homme de la file des dameurs enfonce le piquet, au moyen du pilon ou de la hachette, le plus loin possible du poteau et sur la bissectrice de l'angle formé par les deux directions du fil télégraphique. Si le hauban peut être fixé à un objet solide placé à portée, cela doit être préféré.

Aussitôt que le poteau d'angle est établi, l'homme de la file de la ligne conduit le fil, en le tendant doucement dans la nouvelle direction jusqu'à ce qu'il soit reçu par l'autre homme de la même file, après quoi l'opération reprend son cours ordinaire. (*Note* 9.)

2. Dans les circonstances anormales.

§ 20. — APERÇU DES CIRCONSTANCES ANORMALES ET RÈGLES A SUIVRE.

1. Construction de la ligne quand il est nécessaire de porter les bobines.

Lorsque, par suite de la configuration du terrain, la voiture ne peut suivre la ligne et qu'il devient nécessaire de porter la bobine, elle est glissée par l'homme *a* de la file du fil sur l'axe creux tenu par l'homme *b*, puis elle est descendue de la voiture et le petit disque est replacé au moyen des chevilles sur l'axe primitif.

La file du fil porte alors la bobine, en déroulant le fil le long de la ligne jalonnée par le premier sous-officier.

Les deux hommes de la file du matériel prennent dans la voiture le matériel nécessaire en poteaux, brides, haubans, pattes isolantes, l'échelle, s'il en est besoin, et portent le tout aux points voulus.

2° *Emploi du câble.*

Si la nature du sol (de l'eau ou un espace couvert comme un bois épais, par exemple) ne permettent pas d'établir le fil sur des poteaux, la caisse du câble est descendue de la voiture, et le câble est déroulé soit au moyen d'un canot, soit en transportant à bras la caisse au delà de l'obstacle.

On emploie à ce travail la troupe de voiture.

L'établissement du poteau final (§ 19) et le raccordement du fil avec le câble est fait par la troupe de construction de la manière suivante :

a. Le câble est enroulé autour du poteau, de telle sorte que l'extrémité du fil de gutta-percha arrive jusqu'à l'isolateur; le câble est solidement fixé au poteau.

b. L'assemblage du fil de cuivre décapé au moyen du papier de verre, et renfermé dans l'enveloppe de gutta-percha du câble, avec le fil télégraphique également décapé, se fait par l'intermédiaire d'une pince serre-fil, et de telle manière que la pince et les deux fils ne soient en contact avec aucun autre objet.

c. On procède d'une façon analogue lorsque l'on recommence à établir le fil sur des poteaux.

d. Si, pour atteindre ce point, il n'a pas été nécessaire d'employer la totalité du câble, on opère comme il a été dit ci-dessus, et l'on renferme dans la caisse l'excédant du câble resté sur le rouleau.

e. Si la longueur du câble est insuffisante, on y ajoute du fil de gutta-percha. Le raccordement se fait au moyen d'une pince de réunion de câble (ou manchon).

f. Lorsque, par une cause quelconque, on a été dans la nécessité de couper le câble, les morceaux en sont également réunis par une pince de réunion de câble.

3° *Passage des chemins de fer.*

Les chemins de fer peuvent être franchis de deux manières :

a. Dans le cas le plus général, on fait passer le fil recouvert de gutta-percha sous le chemin de fer, soit en le posant immédiatement au-dessous des rails, soit en profitant d'un pont ou d'une coupure qui se trouve à portée.

Le raccordement du fil de gutta-percha avec le fil de la ligne se fait d'une manière analogue à celui du câble.

Deux fils de gutta-percha ne sont reliés au moyen d'un manchon que lorsqu'il y a nécessité de les soustraire au contact d'objets environnants ; dans les autres cas, une pince serre-fil suffit.

b. On emploie plus rarement les poteaux de franchissement. Ils devront avoir au moins 6 mètres de hauteur et dépasser de 30 à 60 centimètres les fils du télégraphe permanent existant le long de la voie ferrée.

La file du fil et celle du matériel s'occupent de tout ce qui est relatif au fil de gutta-percha; le raccordement de celui-ci avec le fil de la ligne, a lieu par les soins de la troupe de construction.

Pour le surplus, chaque troupe conserve ses attributions.

D. LA STATION D'ARRIVÉE.

§ 21. — ÉTABLISSEMENT DE LA STATION.

1° *Appareil Digney.*

En règle générale, la deuxième voiture-station doit,

dans l'intérêt même du service, se trouver à la queue de la colonne.

Lorsque la brigade chargée de la construction approche du point désigné pour la station d'arrivée, la voiture-station doit être envoyée en avant assez à temps pour que la troupe de construction trouve la station entièrement établie, et qu'il n'y ait plus qu'à relier le fil avec l'appareil de manière à pouvoir immédiatement télégraphier.

2° *Appareil à cadran.*

Cet appareil étant transporté sur la voiture des parcs, on ne peut commencer à établir la station que lorsque la voiture est arrivée. On emploie à cette opération le nombre nécessaire d'hommes disponibles de la troupe de voiture.

On se retrouve alors, pour les fonctions des hommes, dans le même cas que celui indiqué pour l'établissement de la station de départ (§ 11 et § 19, pour le placement d'un poteau final).

E. REMISE DES INSTRUMENTS DE TRAVAIL.

§ 22. — MODE DE PROCÉDER.

Après l'achèvement de la ligne, les hommes ont à rendre leurs outils ainsi que le matériel délivré et qui n'a pas été employé.

Le deuxième sous-officier, qui a déjà été chargé de la distribution, est encore responsable de la remise exacte de ces outils et du matériel (§ 10). Il examine les dégradations qui auraient pu se produire et veille à ce que tout soit rigoureusement remis en place.

La file du matériel aide le sous-officier dans cette opération.

La remise terminée, le deuxième sous-officier fait son rapport au premier sous-officier qui lui-même le fait à l'officier.

Il est bon, au moment de cette remise, de dresser un inventaire de tout le matériel employé à la construction de la ligne ; cela servira, comme moyen de contrôle, lorsqu'après le reploiement ce matériel sera rapporté à la voiture.

III. — Reploiement de la ligne.

1. Dans les circonstances normales.

§ 23. — OPÉRATIONS PRÉLIMINAIRES.

La troupe des voitures dispose la voiture des parcs pour le travail (§ 9).

Le deuxième sous-officier donne les gants aux hommes de la file du fil et de la file de réserve.

La file du fil apprête la bobine et le fil à enrouler.

Dans le cas de l'appareil à cadran, la troupe de voiture aide aussi le stationnaire à lever la station de départ.

§ 24. — L'OFFICIER ET LES SOUS-OFFICIERS.

L'officier, qui est responsable du bon entretien et de la conservation du matériel, veille à ce que la ligne soit reployée avec précaution et à ce que rien ne soit oublié.

Pour arriver à ce but, les sous-officiers sont spécialement chargés, savoir :

1° Le troisième sous-officier, de marcher en avant de la voiture, de la guider et de s'assurer que la file des dameurs et celle de la ligne exécutent exactement tout ce qui leur incombe.

2° Le deuxième sous-officier, de suivre immédiatement la voiture, de surveiller l'enroulement du fil et de s'assurer par lui-même que le matériel à rapporter dans la voiture par la file du matériel et celle des trous est remis en place.

3° Le premier sous-officier avec l'homme *a* de la file de réserve, de former l'arrière-garde et de voir si aucune partie du matériel n'a été oubliée sur le terrain.

§ 25. — LA FILE DE LA LIGNE ET LA FILE DES DAMEURS.

Ces deux files sont chargées de rompre la ligne.

A cette fin, elles retirent avec précaution les poteaux du sol, décrochent le fil, démontent les poteaux à rallonges, enroulent les haubans autour des piquets, dévissent les pattes isolantes, etc.

Tous ces objets sont déposés à terre ; les poteaux sont placés, l'extrémité inférieure dirigée en avant, parallèlement au fil et du côté opposé à celui par lequel circule la voiture.

Les pattes isolantes sont déposées à côté de la pointe du poteau le plus voisin.

Si l'échelle est nécessaire pour descendre une patte isolante, un des quatre hommes va, sur l'ordre du troisième sous-officier, la chercher à la voiture et l'y rapporte ensuite avec la patte isolante.

Dans le passage des chemins, le troisième sous-officier ne laisse rompre la ligne que lorsque la voiture est arrivée.

§ 26. — LA FILE DU MATÉRIEL ET LA FILE DES TROUS.

Ces deux files ont pour fonctions générales de rapporter à la voiture le matériel de construction de la ligne.

En conséquence, la file du matériel ramasse les poteaux placés par la file de la ligne et celle des dameurs le long de la ligne et les rapporte à la voiture; — chaque homme emportant à chacun de ses voyages autant de poteaux qu'il lui est facilement possible d'en porter.

La file des trous soulève le fil couché sur le sol, s'assure qu'il n'est retenu par aucun obstacle et, le soutenant avec la main, le laisse glisser vers l'homme *b* de la file du fil.

§ 27. — LA FILE DU FIL ET LA FILE DE RÉSERVE.

Ces deux files enroulent le fil.

L'homme *b* de la file du fil marche à dix pas environ derrière la voiture, laisse glisser le fil dans sa main (garnie d'un gant) et règle l'enroulement fait par l'homme *a*, suivant la marche plus ou moins rapide du travail de reploiement.

L'homme *a* de cette file placé sur le marche-pied, roule le fil sur la bobine en jetant alternativement les yeux sur cette bobine et sur l'homme *b* chargé de diriger l'opération et dont il suit les indications.

L'homme *b* de la file de réserve assis sur la partie supérieure de la voiture, derrière la bobine, assure la montée régulière et le solide enroulement du fil (il a un gant à cet effet).

L'homme *a* de la file de réserve se trouve à l'arrière-garde (§ 24) où il aide la file du matériel à réunir le matériel et la file des trous à soulever le fil.

2. Dans les circonstances anormales.

§ 28. — MANIÈRE DE PROCÉDER.

1° Reploiement de la ligne lorsque la bobine doit être portée.

La file de la ligne et celle des dameurs rompent la ligne de la manière ordinaire (§ 25).

La file du fil descend la bobine de la voiture; la file des trous passe le pilon dans l'axe creux; ces quatre hommes portent la bobine pendant que l'homme *b* de la file de réserve enroule le fil.

La file du matériel ramasse et transporte le matériel laissé à terre jusqu'au point où la voiture viendra rejoindre la ligne; en cas de nécessité, on peut lui adjoindre pour ce travail un ou deux des porteurs de la bobine.

2° *Relèvement du câble.*

Le relèvement du câble est fait par les cinq hommes qui, dans le cas précédent, portaient la bobine et enroulaient le fil ; on procédera d'une manière analogue si la caisse contenant le câble n'est pas placée dans un canot et doit être portée à bras.

3° *Reploiement de la ligne à un passage de chemin de fer.*

Il n'y a pas de règles particulières à donner pour cette circonstance.

C. FONCTIONNEMENT DE LA LIGNE.

§ 29.

Le fonctionnement de la ligne est assuré au moyen de la répartition suivante du personnel de la brigade :

A la station centrale ou de départ : l'officier chef de brigade, 1 sous-officier stationnaire (télégraphiste), 1 soldat faisant les fonctions de planton.

Aux stations d'arrivée ou aux stations intermédiaires: 1 sous-officier stationnaire, 1 soldat.

Ces employés, établis dans le voisinage immédiat de la station, sont prêts à répondre à tout appel de jour ou de nuit.

Des agents dits *garde-fils* sont chargés de la surveillance de la ligne ; répartis à raison d'un homme par 3 kilomètres, et campés par deux le long de la ligne, ils ont pour mission de parcourir deux fois par jour la section qui leur est confiée, et de s'assurer qu'elle est en parfait état de service. Ils sont munis de la sacoche à outils (§ 7), et exécutent sur-le-champ les réparations nécessaires quand cela est possible ; dans le cas contraire, ils rendent compte des dégradations au chef de station qui provoque alors les mesures qu'exige la prompte remise en état de la ligne.

Tout ce personnel (télégraphistes, plantons, garde-fils) est pris dans la brigade qui a été chargée de la construction de la ligne.

Lorsque la longueur de la ligne et le nombre des stations laissent des hommes disponibles, ils sont réunis à l'une des stations pour être employés suivant les besoins, soit aux réparations majeures, soit à l'établissement des lignes rampantes.

L'officier chef de brigade a la surveillance des stations et des agents garde-fils. Il est aidé dans cette dernière partie de ses fonctions par les 3 sous-officiers.

Lorsque la ligne doit être reployée, la brigade est rassemblée au point où l'opération doit commencer. A moins d'ordres contraires, la voiture des parcs reste toujours à la station qui a été établie en dernier lieu.

Chaque chef de station tient un registre dans lequel une colonne est ouverte au nom de chacune des stations avec lesquelles il peut correspondre. Chaque dépêche est inscrite par son numéro d'ordre dans la colonne de la station destinataire par l'expéditeur, et dans la colonne de la station expéditrice par le destinataire.

L'officier supérieur chef de service et l'officier chef de brigade qui visitent les stations à intervalles irréguliers, s'assurent de la tenue exacte et de la concordance de ces registres.

Il est bon d'employer pour la transmission des dépêches d'une certaine importance un chiffre dont la clef est donnée aux généraux, aux chefs d'état-major et aux officiers employés au service télégraphique. Cette précaution est rendue nécessaire par la possibilité qu'il y aurait pour les partisans ennemis de venir couper le fil en un point quelconque de la ligne, d'y adapter un appareil portatif et de profiter des dépêches ainsi interceptées (*note* 10). Il est entendu que les règles précédentes relatives à l'établissement et au fonctionnement des lignes suspendues s'appliquent aussi en totalité ou en partie suivant les cas, à la réparation des lignes permanentes coupées par l'ennemi.

D. LES APPAREILS.

I. — L'appareil Digney et la voiture-station.

A. L'APPAREIL.

§ 30. — PARTIES PRINCIPALES DE L'APPAREIL.

L'appareil Digney se compose des parties principales suivantes :

1° Le plancher de l'appareil avec les vis en laiton pour recevoir et conduire les divers fils.

2° La clef (manipulateur ou transmetteur) dont les parties sont :

a. Le levier basculant avec sa poignée.

b. Le support du levier.

c. Les deux contacts (contact de repos et contact de

travail) avec leurs contre-contacts. Ils ont pour but d'établir à volonté l'ouverture ou la fermeture du courant destiné à agir sur l'électro-aimant du récepteur.

d. La vis qui règle le jeu du levier.

e. Le ressort qui, dans l'état de repos, presse le contre-contact sur le contact de repos ; on dit alors que la pile est ouverte ; tandis qu'au contraire, elle est fermée, quand le levier est pressé, au moyen de la poignée, sur le contact de travail.

3° Le galvanomètre remplissant les fonctions d'indicateur du courant.

4° L'appareil écrivant qui comprend :

a. L'électro-aimant à deux bobines.

b. Le levier terminé d'une part, par une armature en fer doux, et d'autre part, par un ressort nommé couteau.

c. Le ressort qui rabat le levier quand l'électro-aimant cesse d'être traversé par le courant.

d. Le mouvement d'horlogerie qui entraîne la bande de papier.

e. Le système imprimeur et encreur composé d'une molette tournante sur laquelle appuie un rouleau de flanelle imprégnée d'encre oléique et sous laquelle se déroule la bande de papier.

L'appareil complet avec ses accessoires est disposé à demeure dans une boîte ayant $0^m,38$ de longueur, sur $0^m,17$ de largeur et de hauteur.

FONCTIONNEMENT DE L'APPAREIL RÉCEPTEUR.

Chaque fois qu'un courant est amené dans l'électro-aimant, celui-ci attire l'armature en fer doux du levier; le couteau placé à l'extrémité opposée, est relevé et presse la bande de papier contre la molette tournante; celle-ci, qui est constamment enduite d'encre oléique, trace sur le papier, suivant la durée du contact, les points ou les lignes qui représentent les lettres de l'alphabet ou les chiffres.

Quand le courant cesse, l'électro-aimant perd son action; le ressort rabat le levier, et le couteau ne pressant plus le papier contre la molette, aucune trace n'est produite. (*Note* 11.)

5° La batterie ou pile.

La pile est établie d'après le système Marié-Davy, et comprend dix éléments. Elle est renfermée dans une boîte ayant 0m,38 de longueur, 0m,17 de largeur et 0m,14 de hauteur.

6° La plaque de terre avec ses vis de pression et ses fils de communication.

§ 31. — LA PILE.

1° *Composition de la pile ou batterie.*

La pile au sulfate de mercure est à dix éléments; chaque élément comprend :

a. Un vase extérieur de verre ou de faïence.

b. Un cylindre de zinc.

c. Un vase poreux d'argile.

d. Un cylindre de charbon.

Plus, la quantité nécessaire de fil de cuivre et de vis de réunion.

2° *Établissement de la pile.*

Pour former un élément, on prépare d'abord la pâte de sulfate de protoxyde de mercure ; à cet effet, on pulvérise le sel, on le délaye dans l'eau ; après avoir laissé reposer, on décante et l'on a une masse pâteuse d'un blanc légèrement jaunâtre. On place alors le cylindre de zinc dans le vase de faïence, dans le cylindre de zinc on introduit le vase poreux et dans ce dernier le cylindre de charbon que l'on tient à la main au milieu du vase.

Au moyen d'une spatule de bois, on remplit complétement les vides avec de la pâte de sulfate ; on répartit ensuite par portions égales le liquide décanté dans chacun des dix vases de faïence que l'on achève de remplir avec de l'eau pure.

On relie ensuite par un fil de cuivre le zinc de chaque élément avec le charbon de l'élément suivant ; les extrémités de ces fils forment les pôles de la pile qui, plus tard, sont mis en communication avec l'appareil.

Dans le raccordement de ces divers fils, il faut veiller à ce qu'il y ait contact immédiat entre le fil et la vis de pression, et aussi à ce que les extrémités des fils à relier et les vis de pression soient toujours nets et décapés avec soin.

Pour entretenir une pile ainsi formée, il suffit de remplacer, une fois par mois environ, l'eau perdue par suite de l'évaporation. (*Note* 12.)

3° *Démontage de la pile.*

La pile à sulfate de mercure peut, sans inconvénient, rester montée fort longtemps. Si cependant les circonstances exigent qu'elle soit démontée, on procède à cette opération dans l'ordre suivant :

a. On dévisse les vis de réunion des fils.

b. On retire le cylindre de charbon, le vase poreux et le cylindre de zinc ; on les nettoye à l'eau pure au moyen des brosses données à cet effet.

c. On met de côté l'eau, le sulfate de mercure et le mercure réduit qui peut se trouver au fond du vase poreux. (*Note* 13.).

§ 32. — L'ALPHABET.

a. *Les lettres de l'alphabet.*

a	. —	*n*	— .
b	— . . .	*o*	— — —
c	— . — .	*p*	. — — .
d	— . .	*q*	— — . —
e	.	*r*	. — .
f	. . — .	*s*	. . .
g	— — .	*t*	—
h	. . . .	*u*	. . —
i	. .	*v*	. . . —
j	. — — —	*w*	. — —
k	— . —	*x*	— . . —
l	. — . .	*y*	— . — —
m	— —	*z*	— — . .

b. *Les chiffres.*

1	. — — — —	6	— . . . .
2	. . — — —	7	— — . . .
3	. . . — —	8	— — — . .
4	. . . . —	9	— — — — .
5	. . . . .	0	— — — — —

c. *Les signes de ponctuation.*

Point .	. . . . . .	Trait d'union -	— . . . . —
Point et virgule ;	— . — . — .	Apostrophe '	. — — — — .
Virgule ,	. — . — . —	Trait de suspension —	— — — — — —
Deux points :	— — — . . .	Parenthèse ( )	— . — — . —
Interrogation ?	. . — — . .	Alinéa	. — . — . .
Exclamation !	— — . . — —	Guillemets « »	. — . . — .

d. *Phrases.*

Dépêche de l'État	. . .	Compris.	. . . — .
Id. de l'exploitation	— . . .	Correction.	. . . .
Id. de service télégraphique	. —	Fin.	. — . — . — .
Id. particulière	. — — .	Attendre.	. — . . .
Appel.	— . — . — . —	Urgent.	— . .
		Très-urgent.	— . . — . .
		Reçu.	. — . . — . . — .

B. LA VOITURE-STATION.

§ 33. — INVENTAIRE DE LA VOITURE-STATION.

Chacune des deux voitures-stations contient les objets suivants :

1° *Accessoires de la voiture.*

Une bêche emmanchée.
Une hachette emmanchée.
Un vase à graisse.

2° *Inventaire.*

a. L'appareil et ses accessoires.

1. Un appareil Digney complet, renfermé dans sa boîte.
2. Un second appareil semblable placé, ainsi que la pile, dans un sac de cuir analogue au sac de l'infanterie. Il est destiné à servir dans le cas d'organisation éventuelle d'une station secondaire.

3. Un barillet de rechange.
4. Un électro-aimant avec son levier dans un étui.
5. Un parafoudre.
6. Un galvanomètre.
7. Une plaque de terre en cuivre avec ses fils de communication et ses vis.

b. Matériel de la pile.

8. La caisse renfermant les dix éléments de la pile.
9. Vingt vases de porcelaine.
10. Vingt vases d'argile poreuse.
11. Douze cylindres de zinc.
12. Quinze cylindres de charbon.
13. Une caisse à bouteilles avec compartiments.
14. Une grande bouteille clissée pour l'eau.
15. Une bouteille clissée pour le liquide décanté.
16. Une bouteille plus petite pour le mercure réduit.
17. Une bouteille pour l'ammoniaque.
18. Une caisse avec couvercle pour le sulfate de mercure.
19. Un mortier et son pilon.
20. Une caisse à compartiments pour le matériel de la pile.
21. Un godet pour la gomme.
22. Deux vases de gutta-percha.
23. Deux entonnoirs de gutta-percha.
24. Deux brosses pour nettoyer les éléments.
25. Huit mètres de fil de gutta-percha.
26. Douze vis de pression.

c. Instruments de travail.

27. Une tenaille à pinces tranchantes.
28. Une tenaille à pinces douces.
29. Deux tourne-vis.
30. Une lime de contact.
31. Un rôdoir avec sa poignée.
32. Une lime demi-ronde avec son manche.
33. Un couteau.
34. Une brosse pour nettoyer les rouages.
35. Une bouteille d'huile fine.

36. Un pinceau pour nettoyer l'appareil.

d. Matériel d'écriture.

37. Plusieurs rouleaux de papier pour l'appareil.
38. Papier à écrire.
39. Papier-calque.
40. Papier brouillard.
41. Enveloppes.
42. Plumes métalliques.
43. Deux porte-plumes.
44. Trois bâtons de cire à cacheter.
45. Six crayons.
46. Une bouteille d'encre.
47. Un encrier.
48. Un coupe-papier.
49. Un canif à tailler les crayons.
50. Un mètre.
51. Une bouteille de colle liquide.
52. Un pinceau pour l'étendre.

e. Matériel d'éclairage.

53. Une lampe complète avec son abat-jour.
54. Un porte-lampe fixé à la voiture.
55. Trois verres de lampe.
56. Un bâton cylindrique pour nettoyer les verres.
57. Une pince pour retirer les mèches.
58. Un cylindre pour placer les mèches.
59. Une paire de ciseaux à mèche.
60. Une douzaine de mèches.
61. Une canette pour verser l'huile.
62. Un vase carré de fer-blanc pour l'huile à brûler.
63. Des allumettes.

f. Objets divers.

64. Un petit balai.
65. Six essuie-mains.
66. Un plat à savon de fer blanc, du savon, des torchons de soie.

67. Deux isolateurs-termes avec capuchon de cuir fixés sur la partie supérieure de la voiture.
68. Deux vis de conduite des fils de communication à terre placées aux deux côtés de la voiture.
69. Un escabeau.

II. — Appareil électro-magnétique à cadran.

§ 34. — PARTIES PRINCIPALES DE L'APPAREIL ET LEURS ACCESSOIRES.

L'appareil à cadran sorti des fabriques de Siemens et Halske, à Berlin, se compose des parties principales suivantes :

1° Un inducteur (producteur du courant), enfermé dans une caisse de bois et remplaçant la pile.

2° La partie supérieure de l'appareil, sur laquelle se trouvent :

a. Le cadran à lettres avec la manivelle qui met l'inducteur en mouvement.

b. Le cadran récepteur avec son aiguille indicatrice, recouvert d'une glace.

Le cadran à lettres et le cadran récepteur qui comprennent les mêmes lettres et les mêmes chiffres portent deux cercles concentriques; le cercle extérieur divisé en vingt-six cases égales présente dans chacune de ces cases, une lettre de l'alphabet, sauf dans la vingt-sixième qui est vide. Le cercle intérieur est également partagé en vingt-six cases égales dont une vide qui correspond à celle du cercle extérieur; les autres sont occupées par les chiffres 1. 2. 3. ...... 9. 0. — R. G. B. (rouges) les chiffres 1. 2. 3. .... 9. 0. — L. S. (rouges).

c. Le bouton d'arrêt de l'aiguille indicatrice.

d. La vis régulatrice.

e. La goupille de suspension.

f. Les vis de pression pour la conduite des fils. En les désignant par L′ et L″ on remarquera que dans deux stations correspondantes le fil de la ligne et le fil des communications à terre doivent être disposés de telle sorte que L′ d'une station soit relié avec L″ de l'autre station. Afin d'éviter tout malentendu, il est prescrit que la station de départ emploie toujours L″ pour le courant de la ligne, et L′ pour le courant du sol.

3° La plaque de terre avec ses fils de communication et ses vis de pression.

Les accessoires de l'appareil sont :

1 tenaille à pinces tranchantes.
1 tenaille à pinces douces.
1 grand tourne-vis.
1 petit tourne-vis.
1 pinceau.
3 pinces à fil.
1 clef à écrou dans le couvercle de la caisse de l'appareil.
1 bouton régulateur ou pédale dans le couvercle de la caisse de l'appareil.
1 petite bouteille d'huile.
Du fil recouvert de gutta-percha.

§ 35. — INDICATIONS SUR LA PRODUCTION DU COURANT ET LA DISPOSITION DE L'APPAREIL.

L'inducteur, cylindre de fer entouré d'un fil de cuivre recouvert, tourne entre les pôles de plusieurs aimants superposés à peu d'intervalle. Ces aimants formés par des barreaux d'acier aimantés, présentent dans la partie qui fait face au cylindre une section en forme de demi-cercle remplie presque entièrement par le cylindre; leurs extrémités postérieures sont reliées par du fer doux.

Si l'on met le cylindre en mouvement, à chaque demi-révolution de celui-ci un courant d'induction se produit dans les spirales de l'hélice si toutefois elle est fermée par un cercle conducteur.

A cet effet les extrémités du fil en spirale de l'inducteur communiquent d'une part avec le fil de l'électro-aimant du récepteur (dont l'autre extrémité est reliée au fil de la ligne) et d'autre part avec le sol.

Le mouvement de rotation de l'inducteur s'obtient au moyen d'une manivelle à l'axe de laquelle se trouve une roue dentée qui s'engrène avec une seconde roue semblable fixée à l'inducteur.

Les parties essentielles de l'appareil récepteur sont un levier aimanté par l'action d'un barreau et mobile entre les pôles d'un électro-aimant; la disposition est telle que lorsqu'un courant traverse l'électro-aimant, celui-ci fait osciller le levier entre les pôles, et qu'alors une fourchette adaptée au levier met en mouvement une roue dentée à l'axe de laquelle est fixée l'aiguille du cadran.

Si donc on tourne la manivelle, l'inducteur produit un courant qui, en passant dans l'appareil récepteur, fait osciller le levier entre les pôles, et la direction alternative du courant issu de l'inducteur produit la marche saccadée en avant de l'aiguille, jusqu'à ce que la manivelle soit arrêtée sur une des lettres du cadran. L'aiguille du cadran du récepteur reste immobile sur la même lettre (si les deux appareils sont d'accord).

§ 36. — RÈGLES A SUIVRE POUR LES TRANSMISSIONS TÉLÉGRAPHIQUES.

Avant de commencer les transmissions, l'aiguille indicatrice et la manivelle doivent, dans les deux stations, se trouver sur la case vide.

1. *Appel à la station la plus éloignée et réponse.*

a. Appel à la station la plus éloignée.	Faire tourner trois fois la manivelle autour du cadran en s'arrêtant chaque fois pendant un instant sur la case vide.
b. La station appelée répond qu'elle est en état.	Un tour complet de la manivelle jusqu'à la case vide.

2. *Cadran à lettres et cadran à chiffres.*

a. En général on fait usage du cadran à lettres. Si l'on veut se servir du cadran à chiffres auquel cas on n'emploie plus que les chiffres ou signes qui s'y trouvent, on l'indique ainsi. .	Case vide ; Z. Z ; case vide.
b. Pour faire connaître que l'on va revenir au cadran à lettres.	Case vide ; B rouge ; case vide.

3. *Transmission d'un mot ou d'un nombre chiffré.*

a. Les lettres du mot ou les chiffres du nombre doivent être transmis sans interruption. La fin du mot ou du nombre est indiquée par	La case vide.

4. *Ponctuation.*

a. La virgule est marquée par. . .	La case vide ; KK ; case vide (GG rouge).
b. Le point d'interrogation. . .	Case vide ; X ; case vide (R rouge).
c. Le point.	Arrêt plus prolongé sur la case vide.

5. *Corrections.*

1er cas. — L'expéditeur a transmis une lettre fausse et veut la corriger	Il fait faire quelques tours de cercle à la manivelle, s'arrête sur la première lettre du mot dans lequel se trouve la faute et continue.
2e cas. — Par suite d'une circonstance quelconque, la station destinataire ne peut lire.	

Règles à suivre :

a. La station destinataire appuie	sur le bouton d'arrêt de l'aiguille (pédale) tourne la manivelle plusieurs fois jusqu'à la case vide, puis lâche la pédale et la manivelle ; l'aiguille indicatrice et la manivelle doivent toutes deux se trouver alors sur la case vide.
b. Aussitôt que la station de départ remarque le mouvement irrégulier de l'aiguille indicatrice, elle.	amène aussitôt la manivelle sur la case vide ; si alors l'aiguille reste immobile, elle appuie aussi sur la pédale et fait faire un tour à la manivelle jusqu'à la case vide, après quoi l'aiguille et la manivelle doivent également se trouver sur cette case.

c. La station destinataire donne alors le signal «répétition» par.	Case vide; N; case vide (L rouge) (de nouveau).
Ou s'il n'est nécessaire de ne répéter qu'à partir d'un certain mot, par.	Case vide; N; case vide. Depuis...... —
d. La station de départ commence alors la répétition en reproduisant, si cela est nécessaire, le dernier mot compris. . . .	

6. *Fin des dépêches.*

a. A la fin d'une dépêche. . . .	La manivelle est tournée deux fois autour du cadran, en s'arrêtant un instant, entre les deux tours, sur la case vide; puis elle reste immobile sur cette case.
b. La station destinataire indique alors qu'elle a compris, par. .	Un tour jusqu'à la case vide; V; case vide (S rouge).
Puis elle transmet, s'il y a lieu, la réponse.	

7. *Repos.*

Quand les transmissions doivent cesser, l'une des stations donne le signal «Repos»	Case vide; R; case vide (R. R. rouge).
Après quoi, dans certains cas, la station destinataire répète ce signal.	

Note. — Les indications portées entre parenthèse indiquent les signaux à employer quand, au lieu de se servir du cadran à lettres, on transmet des dépêches chiffrées, au moyen du cadran à chiffres. (*Note* 13.)

E. RECRUTEMENT ET ORGANISATION DU SERVICE TÉLÉGRAPHIQUE EN TEMPS DE PAIX.

§ 37.

1° *Personnel.*

Les nombreux détails de l'établissement d'une ligne, l'habitude pratique que demande cette opération, les connaissances spéciales nécessaires à divers degrés aux militaires des différents grades employés à ce service, exigent que la télégraphie militaire soit organisée et appliquée en temps de paix afin de pouvoir fonctionner rapidement et avec régularité pendant la guerre.

A cet effet, on choisit parmi les corps de différentes armes des officiers, des sous-officiers et des soldats qui reçoivent l'instruction théorique et pratique qui leur est indispensable, et qui sont appelés ensuite à fournir en campagne les éléments de formation des brigades télégraphiques, soit de ligne, soit légères. (Voy. §. 3.)

On suit autant que possible, dans ces choix, les indications suivantes :

Les chefs de brigade sont pris généralement parmi les officiers des armes spéciales (artillerie, génie, état-major). Leur instruction particulière, l'habitude des levés topographiques et de l'appréciation du terrain les rendant plus aptes à ces fonctions.

Le premier et le deuxième sous-officier font également partie des armes spéciales (artillerie ou génie). Le troisième sous-officier peut être choisi dans un corps quelconque.

Les télégraphistes ou stationnaires sont désignés dans les corps de toutes armes, parmi les sous-officiers ayant déjà une instruction première suffisante; chaque régiment en fournit trois. Ces sous-officiers sont réunis, pendant deux ans et durant l'hiver, au chef-lieu de la division militaire la plus voisine, pour y suivre un cours théorique et pratique de télégraphie, sous la direction d'un employé de la station locale. Un de ces sous-officiers, relevé périodiquement, pourrait être attaché au bureau télégraphique de cette station pour la transmission des dépêches relatives au service militaire. A l'expiration de leur temps de service, ces sous-officiers concourraient de droit à l'obtention des places vacantes dans le service télégraphique permanent qui aurait ainsi un recrutement facile d'agents déjà instruits.

Les soldats composant les brigades sont choisis dans les divers corps d'infanterie, parmi les hommes offrant les garanties suffisantes et qui ont exercé, avant leur entrée au service, une profession analogue à l'emploi qui leur serait confié, c'est-à-dire celle de serrurier, menuisier, mécanicien, terrassier, etc.

2° *Matériel.*

Les appareils et leurs accessoires, tels que fils conducteurs, câbles, pinces, serre-fils, etc., sont fournis par le commerce et reçus par une commission spéciale qui s'assure de leur bonne fabrication et de leur conformité avec les modèles-types.

Le matériel proprement dit, c'est-à-dire les voitures

avec leurs accessoires, les poteaux, piquets, etc..., est confectionné dans les parcs de construction ou dans les arsenaux, d'après des modèles uniformes et arrêtés à l'avance.

En temps de paix, ce matériel est déposé dans les magasins de l'artillerie et confié, pour les soins de surveillance et d'entretien, au personnel de ces établissements.

3° *Instruction pratique.*

On ne doit négliger aucune occasion d'exercer le personnel sur le terrain. Pour arriver à ce résultat, les camps d'instruction sont pourvus d'un service télégraphique complet qui fonctionne pendant toute la durée de ces camps. Des exercices analogues ont lieu chaque année pendant l'automne, au chef-lieu des divisions militaires ou des commandements d'artillerie, soit sur le terrain de manœuvres, soit au polygone, ou mieux encore dans un terrain coupé et accidenté, quand l'état des cultures et les circonstances locales le permettent.

Le ministre de la guerre fixe l'époque à laquelle ces exercices doivent commencer; les généraux de division donnent des ordres pour la formation des brigades et le rassemblement du matériel.

A la fin de chaque saison d'instruction, un rapport est adressé au ministre. Ces travaux centralisés forment un ensemble qui permet d'apprécier la manière dont le service a fonctionné; une place est réservée dans ces rapports aux différentes modifications que l'application sur le terrain paraîtrait rendre nécessaires et aux perfectionnements dont l'organisation existante serait susceptible.

CHAPITRE II.

LIGNES RAMPANTES.

§ 38. — LIGNES RAMPANTES. (*Note* 14.)

Les lignes rampantes ont pour objet de mettre en communication entre elles ou avec le quartier-général, les diverses fractions d'une armée ou d'un corps d'armée qui agissent dans le rayon tactique et qui sont séparées par une étendue de terrain assez considérable, ou par des obstacles de nature à rendre les transmissions écrites ou verbales, lentes et difficiles. Dans ce cas se trouvent les bois épais, les marais, les cours d'eau, les contrées rocheuses; l'établissement de poteaux télégraphiques y est impossible, et en outre, le travail que nécessiterait la construction d'une ligne suspendue ne serait plus en rapport avec le caractère momentané et transitoire des communications à établir.

Les deux appareils mentionnés § I peuvent être employés au service des lignes rampantes.

I. — Personnel, voiture, outils et matériel.

§ 39. — PERSONNEL.

Le personnel comprend, par corps d'armée, un officier supérieur chef de service (§ 3) disposant d'autant de brigades légères que le développement des opérations l'exige. — Chaque brigade se compose de :

1 officier monté, chef de brigade.
3 sous-officiers télégraphistes ou stationnaires.
2 sous-officiers.
6 soldats.

Train et voitures :

1 voiture de matériel volant.
2 voitures-stations (pour l'appareil écrivant).
1 brigadier du train des équipages.

Ce tableau donne l'effectif minimum tant en hommes qu'en voitures, que devra toujours conserver la brigade.

S'il est nécessaire de prolonger la ligne au delà d'un myriamètre, on ajoutera une ou plusieurs voitures de matériel volant.

§ 40. — RÉPARTITION DE LA BRIGADE.

La brigade se divise en deux troupes :

1° La troupe de voiture comprenant :

La file du câble *a* et *b*.

La file de réserve *a* et *b*.

2° La troupe ou file des piquets *a* et *b*.

Le premier sous-officier a sous ses ordres les deux troupes.

Le deuxième sous-officier commande la troupe des voitures.

§ 41. — VOITURE. — OUTILS. — MATÉRIEL.

La voiture est du même modèle que celle qui est affectée au matériel pesant ; elle contient :

1° Les instruments mentionnés au § 7, à l'exception des deux ciseaux, des deux pilons, de la sonde et de l'échelle.

2° Les accessoires de voiture (§ 8. A.).

3° Le matériel nécessaire à la construction d'une ligne d'un myriamètre environ, savoir :

Treize bobines de fer portant chacune 700 mètres de câble à âme de cuivre recouvert de gutta-percha et de chanvre.

2 bobines de fer portant chacune 200 mètres de câble à âme de cuivre recouvert de gutta-percha et garni d'une armature en fils de cuivre, pour le passage des cours d'eau.

Des manchons à relier le câble.

Une civière pour servir au transport à bras des bobines.

Une manivelle.

2 sacoches de cuir fixées à des ceintures et contenant chacune des piquets à pointe de fer et à encoche, et un maillet.

Des planches de chêne de 2m,50 de longueur sur 25 centimètres de largeur et 2 centimètres d'épaisseur.

Quelques poteaux pour jalonner la ligne.

Les bobines sont placées sur la partie supérieure de la voiture.

II. — Construction de la ligne.

§ 42. — RÈGLES GÉNÉRALES.

La voiture est préparée pour le travail (§ 9.)

Le 2e sous-officier distribue aux hommes les instruments de travail.

a de la file du câble reçoit la manivelle qu'il adapte à l'une des bobines.

b de la même file se munit de la sacoche à outils.

a et *b* de la file des piquets reçoivent chacun une sacoche à piquets.

a de la file de réserve prend les poteaux et les fanions nécessaires au jalonnement de la ligne.

b de la même file ne reçoit rien.

§ 43. — STATION DE DÉPART.

Quand la ligne rampante ne forme pas le prolongement d'une ligne suspendue, la voiture-station se transporte au point qui lui est indiqué comme devant former la tête de la ligne.

Le sous-officier stationnaire relie l'appareil au câble et procède à l'enfouissement de la plaque de terre (§ 11).

§ 44. — L'OFFICIER ET LES SOUS-OFFICIERS.

L'officier chef de brigade procède à la reconnaissance du terrain que la ligne doit parcourir ; il doit avoir soin de choisir le trajet le plus direct en évitant toutefois, autant que possible, les passages que la voiture ne pourrait franchir, car la nécessité qu'il y aurait alors de transporter à bras les bobines occasionnerait souvent une perte de temps plus considérable qu'un détour fait par la voiture pour tourner l'obstacle.

L'officier est accompagné par le premier sous-officier chargé de jalonner la ligne et par l'homme *a* de la file de réserve qui porte les poteaux nécessaires à cette opération. Ces jalons, très-espacés sur les parcours en ligne droite, devront être plus rapprochés aux points où la ligne décrit des courbes.

§ 45. — LE BRIGADIER DU TRAIN.

Le brigadier du train est chargé de diriger la voiture le long du tracé, sous la surveillance du deuxième sous-officier. Il veille à ce que l'allure soit régulière afin d'assurer le déroulement uniforme du câble.

§ 46. — LA FILE DU CABLE.

Cette file a pour emploi de dérouler le câble. L'homme *a* met la manivelle en mouvement; l'homme *b*, marchant derrière la voiture, s'assure que le câble repose bien sur le sol, et écarte les pierres qui pourraient entamer l'enveloppe.

Le raccordement des câbles de deux bobines ou des deux morceaux d'un câble rompu est fait par la file du câble.

Dans le premier cas, le point de jonction est indiqué par un ruban rouge, dans le second cas par un ruban blanc.

L'homme *b* de la file de réserve accompagne *b* de la file du câble et lui vient en aide en cas de besoin.

§ 47. — LA FILE DES PIQUETS.

La file des piquets suit la voiture; les deux hommes qui la composent, munis chacun d'une sacoche remplie de piquets et d'un maillet, sont chargés d'assurer le câble, en plantant ces piquets à encoche alternativement à droite et à gauche. Ils procèdent à cette opération en se devançant successivement.

Les piquets, ayant pour but de maintenir le câble

et de l'empêcher de se déplacer, devront être plus nombreux dans les courbes et aux points qui présentent une grande inclinaison.

§ 48. — CIRCONSTANCES PARTICULIÈRES.

1. *Franchissement des chemins.*

Quand il est nécessaire de franchir un chemin, les hommes *b* de la file du câble et de la file de réserve creusent, avec les outils pris dans la voiture, une rigole de 10 centimètres environ de profondeur, coupant le chemin obliquement et dans laquelle ils placent le câble. Les deux hommes de la file des piquets recouvrent cette rigole avec les planches de chêne (§ 41) après avoir solidement assujetti le câble à l'entrée et à la sortie.

2. *Passage des cours d'eau.*

Si l'on a à traverser une certaine étendue d'eau (marais, rivière, etc.) et qu'il n'existe à proximité aucun pont ou passage que l'on puisse utiliser, le câble ordinaire et le câble à armature de cuivre sont descendus de la voiture par la file du câble (§ 20), qui les relie au moyen d'un manchon. Puis la troupe, emportant avec elle le câble à armature de cuivre et une seconde bobine de câble ordinaire, prend place dans un canot et traverse l'obstacle. Ce matériel est alors déchargé, le câble à armature de cuivre est de nouveau relié au câble ordinaire qui est ensuite déroulé par la file du câble, celle des piquets et l'homme *b* de la file de réserve (§ 20).

Quand le courant à traverser est rapide, le câble doit être consolidé à l'entrée et à la sortie, au moyen de cordages convenablement disposés et maintenus par une ancre.

Dans le cas où l'on a à traverser un bois épais, on procède comme il a été indiqué ci-dessus, sauf l'emploi du câble à armature de cuivre.

Pendant ces diverses opérations, la voiture de matériel cherche à franchir ou à tourner l'obstacle pour venir rejoindre la brigade.

§ 49. — STATION D'ARRIVÉE.

Si la deuxième voiture-station a pu suivre la ligne, la station d'arrivée est établie de la même manière que la station de départ (§ 43). Lorsque la nature du terrain ne permet pas le cheminement de la voiture, l'homme *b* de la file de réserve se transporte, sur l'ordre de l'officier, à la voiture-station et y reçoit, du sous-officier stationnaire, l'appareil mobile placé ainsi que la pile dans un sac analogue à celui de l'infanterie, qui peut être facilement porté à dos d'homme; le sous-officier stationnaire et l'homme *b* rejoignent ensuite la troupe de construction et l'accompagnent jusqu'au point où la station doit être établie.

Le sous-officier qui s'est muni de la plaque de terre et de ses accessoires procède alors à l'installation de l'appareil. (§ 43.)

§. 50. — REMISE DU MATÉRIEL.

La remise du matériel non employé est faite au

deuxième sous-officier, d'une manière analogue à ce qui a été prescrit § 22.

III. — Reploiement de la ligne.

§ 51. — MARCHE GÉNÉRALE DU TRAVAIL.

L'officier surveille l'ensemble des opérations.

Le deuxième sous-officier accompagne la voiture de matériel et dirige l'enroulement du câble.

Le premier sous-officier, avec la file de réserve, forme l'arrière-garde.

La file des piquets précède la voiture; elle a pour mission :

D'arracher les piquets et de les déposer à côté du câble.

D'enlever les planches de franchissement et de s'assurer que le câble n'est plus retenu par aucun obstacle dans la rigole.

De défaire les manchons de réunion de câble et de les déposer à terre à côté du point de jonction.

Après que le câble a été détaché de l'appareil, il est enroulé sur les bobines par la file du câble (§ 27).

La file de réserve marchant derrière la voiture ramasse le matériel et le porte à la voiture.

Le premier sous-officier veille à ce qu'aucune partie de ce matériel ne soit oubliée.

Quand la configuration du terrain ne permet pas à la voiture de suivre la ligne, la bobine est descendue et le câble est enroulé par des moyens analogues à ceux qui ont été indiqués au § 28.

§ 52. — OBSERVATION GÉNÉRALE.

Les règles posées dans le chapitre premier pour le fonctionnement de la ligne, l'organisation du service, l'inventaire des voitures-stations, etc., s'appliquent également aux lignes rampantes.

En général, on se reportera aux prescriptions du chapitre premier pour tous les détails d'exécution qui ne font pas l'objet d'un paragraphe spécial du chapitre deuxième.

CHAPITRE III.

TÉLÉGRAPHIE AÉROSTATIQUE.

Il est une autre application de la télégraphie électrique en campagne que nous ne pouvons passer sous silence; toutefois, en raison de son étrangeté, de son caractère d'innovation, du matériel tout nouveau qu'elle exigerait, elle ne peut être mise sur la même ligne que les systèmes que nous venons d'étudier, qui offrent des garanties éminemment pratiques, et qui font, dans plusieurs armées, l'objet d'un service organisé militairement comme on l'a vu dans les chapitres précédents.

Cette application nouvelle est l'emploi des ballons dans la télégraphie. L'idée de se servir des aérostats en campagne n'est pas nouvelle; le moyen de se soutenir dans l'atmosphère étant trouvé, il était naturel que l'on cherchât à utiliser ces stations aériennes pour observer l'ennemi, signaler ses mouvements, faire la reconnaissance des places fortes, etc... Nous ne ferons pas l'historique de cette question déjà longue, et nous nous bornerons à rappeler l'École aérostatique de Meudon, les compagnies d'aérostiers des armées de Sambre-et-Meuse et du Rhin, les reconnaissances devant Maubeuge, Charleroi, Mayence, Manheim, le ballon de Fleurus, l'aérostat de Godard pendant la campagne d'Italie en 1859. En 1795, Fourcroy disait dans un rapport à la convention nationale : « Le comité s'occupe sans relâche des moyens de multiplier ces instruments précurseurs de la victoire, et bientôt toutes nos armées auront leurs tentes, leurs agrès et leurs compagnies aérostatiques comme leurs parcs d'artillerie. »

A tort ou à raison, ces essais isolés n'eurent pas de suite, et l'emploi des ballons en campagne a été relégué au nombre des théories inapplicables. Il appartenait aux Américains de reprendre cette idée qui devait plaire à leur esprit aventureux, innovateur et pratique, et cette grande guerre de la sécession, si féconde en moyens nouveaux, nous montre les aérostats employés fréquemment au service des armées.

M. Allan, ingénieur aéronaute, pensa le premier à prolonger un fil télégraphique, ou mieux un câble léger jusqu'à un ballon captif, qui se trouvait ainsi en communication instantanée avec le quartier général. L'expérience eut lieu en 1861 ; le professeur Love s'éleva de Washington sur le ballon *l'Entreprise*, et expédia au président Lincoln le télégramme suivant :

« Le point d'observation commande une étendue de

50 milles à peu près de diamètre. La cité avec sa ceinture de campement présente un spectacle superbe. J'ai grand plaisir à vous envoyer cette dépêche, la première qui ait été télégraphiée d'une station aérienne, et à reconnaître tout ce que je vous dois pour m'avoir tant encouragé, et m'avoir donné la facilité de démontrer les services que la science aéronautique peut rendre dans ce pays. »

L'essai parut heureux, et l'armée du Potomac reçut un certain nombre d'aérostats télégraphiques, qui furent très-utiles dans les épaisses forêts de la Virginie où les reconnaissances étaient presque impossibles. Un appareil de ce genre rendit de grands services à la bataille de Fair-Oacks (30 mai, 1er juin 1862). « Pendant toute la journée du 1er juin, le professeur Love suivait dans un ballon, à une altitude d'environ 600 mètres, les diverses péripéties du combat ; il communiquait avec Mac-Clellan au moyen de fils électriques, et lui donnait ainsi connaissance de tous les mouvements des confédérés. C'est, croyons-nous, le premier exemple de l'emploi des aérostats sur le champ de bataille (?), et il était naturel que le Nord-Américain, ce peuple oseur par excellence, prît l'initiative de cette hardie application » (*Moniteur de l'armée*). A la suite de ces expériences, ce service fut augmenté et organisé d'une manière permanente dans la grande armée américaine.

On le voit, l'idée si étrange qu'elle paraisse au premier abord, a été appliquée et le résultat en a été favorable.

L'introduction d'un service d'aérostiers dans les armées n'exigerait pas un matériel aussi considérable que l'on pourrait le supposer ; quelques voitures suffiraient au transport des aérostats, de leurs agrès et des appareils à gaz hydrogène; en peu d'heures aussi, le gaz serait produit et l'appareil prêt à être enlevé, mais les résultats obtenus seraient-ils en rapport avec cet accroissement donné aux impedimenta déjà si nombreux ? L'exemple des campagnes d'Amérique pourrait autoriser à répondre affirmativement, mais nous laissons à de plus compétents que nous le soin de trancher la question. Notre but a été seulement de signaler cette application nouvelle des découvertes modernes; avis aux chercheurs.

CHAPITRE IV.

TÉLÉPHONIE.

La télégraphie électrique n'est pas le seul moyen dont on puisse faire usage pour établir des communications entre les diverses fractions d'une armée ; à plusieurs reprises déjà, on a proposé d'employer concurremment avec elle des signaux, soit visuels, soit acoustiques. Assurément, ce système n'offre pas une rapidité aussi grande, et de plus, son emploi est forcément restreint à des phrases peu compliquées et prévues à l'avance ; malgré cette infériorité apparente, il peut rendre encore de grands services dans certaines circonstances. Ainsi l'établissement d'une ligne électrique exige nécessairement la libre disposition du terrain compris entre les stations ; dans beaucoup de cas, cette condition ne peut être remplie. D'autre part, il arrive souvent, sur un champ de bataille par exemple, que les différentes fractions d'une armée sont si rapprochées les unes des autres, que l'installation d'une ligne rampante ne produirait pas dans la transmission une économie de temps en rapport avec la durée de l'opération de la pose du câble, de l'expédition et de la réception des dépêches ; la mobilité des divers corps exigerait en outre des changements continuels dans la direction de la ligne ; on voit donc, d'après ces diverses considérations, la nécessité d'un mode de communication par signaux.

Plusieurs systèmes ont été proposés dans ce but ; celui de M. Sudre paraît remplir toutes les conditions désirables, mais, malgré des expériences fort concluantes, il n'a pas été adopté, et d'ailleurs les moyens employés sont restés le secret de l'inventeur. La méthode de Swaïm, appliquée dans l'armée bavaroise, se trouve aussi dans de bonnes conditions pratiques ; toutefois, la transmission des dépêches d'une certaine longueur est compliquée et exige une grande habitude et une attention soutenue de la part des expéditeurs et des destinataires ; en outre, cette méthode fait usage, d'une manière presque exclusive, des signaux visuels, qui exigent un temps clair et l'emploi d'un agent spécialement chargé d'avoir constamment les yeux sur la station de laquelle partent les signaux, conditions auxquelles il est souvent difficile de satisfaire à la guerre.

Nous croyons en conséquence qu'il faut réduire la

question à des proportions plus simples, et ne demander à la télégraphie par signaux que ce qu'elle peut réellement donner avec facilité, c'est-à-dire la transmission claire et rapide aux diverses fractions d'une armée agissant tactiquement, de phrases courtes et convenues à l'avance.

Voici les principes que nous proposons :

§ 1. — PRINCIPES GÉNÉRAUX.

On n'emploie pour la transmission des ordres que des signaux acoustiques.

Ces signaux se font au moyen du clairon d'ordonnance qui s'entend distinctement à une distance de 800 mètres, et qui donne les cinq notes suivantes :

Ces notes ont, en commençant par le *do* grave, la signification indiquée ci-dessous :

do, répété 1 fois, = 1.
sol, répété 2 fois, = 2,
do, répété 3 fois, = 3.
mi, répété 4 fois, = 4 (*note* 15).

Le *sol* aigu ne représente aucun chiffre ; il sert à indiquer, ainsi qu'il sera expliqué plus loin, le commencement et la fin des dépêches et la séparation des mots.

La valeur de ces notes n'a rien de fixe ; elle peut être diminuée ou augmentée suivant que des circonstances particulières l'exigent, toutefois les répétitions d'une même note devront toujours avoir la même valeur. Comme indication générale, on peut prendre pour base le nombre de soixante émissions par minute.

Un refrain est adopté pour chaque division, et dans les divisions pour chacune des brigades.

§ 2. — ÉTABLISSEMENT DES COMMUNICATIONS.

Supposons un corps d'armée composé de trois divisions d'infanterie; deux clairons qui se relèvent alternativement sont placés à côté du général en chef. Trois lignes de clairons partent de ce point pour aller aboutir aux trois généraux de division; là elles peuvent être bifurquées pour mettre le général commandant la division en communication avec ses généraux de brigade.

Les clairons, posés par les officiers d'état-major, sont espacés de 800 mètres en moyenne, mais cet intervalle peut être agrandi ou diminué suivant la configuration du terrain, la nature des cultures ou toute autre circonstance incidente; ces modifications devront toujours être faites de telle sorte que le clairon d'une station quelconque de la ligne ne puisse percevoir distinctement que les signaux de la station précédente et de la station suivante.

La direction se prend toujours du côté de la station d'arrivée. La ligne des clairons se conforme aux mouvements des divisions ou des brigades, de manière à rester toujours aussi directe que possible.

Quand il est nécessaire d'allonger ou de raccourcir

la ligne, on ajoute ou l'on supprime un certain nombre de clairons transmetteurs. Un officier dans chaque état-major est chargé de ce soin.

§ 3. — TRANSMISSION DES ORDRES.

L'ordre à transmettre est écrit en chiffres par un officier d'état-major, au moyen du vocabulaire. Le plus souvent il ne comprend qu'un nombre; dans le cas où il en contient plusieurs, chacun de ceux-ci est séparé du suivant par un trait vertical qui sera traduit par le *sol* aigu. L'ordre ainsi chiffré est remis au clairon qui sonne d'abord le *sol* aigu, signal d'attention, puis le refrain de la division et enfin l'ordre lui-même d'après les règles posées au § 1. La fin de la transmission est marquée par le *sol* aigu répété deux fois.

Le premier clairon de la ligne appelée à fonctionner, averti par le signal et le refrain, transmet l'ordre à la station suivante et ainsi de suite. L'expéditeur laisse, entre chacun des chiffres qu'il sonne, un temps suffisant pour permettre à la station à laquelle il s'adresse de le transmettre à son tour à la station suivante.

Lorsque l'ordre arrive à destination, un officier d'état-major, prévenu par le signal — attention — écrit successivement les divers chiffres en séparant, s'il y a lieu, chaque nombre par un trait vertical. Dès qu'un nombre est chiffré, l'officier l'énonce à haute voix; un second officier, placé à ses côtés, le cherche dans le vocabulaire et le traduit. Les ordres ne se composant ordinairement que d'un seul nombre, un officier suffira dans la plupart des cas pour la réception et la traduction.

§ 4. — COMPOSITION DU VOCABULAIRE.

Le vocabulaire est formé au moyen des 336 nombres obtenus par les combinaisons binaires, ternaires et quaternaires des chiffres 1, 2, 3, 4. Les observations relatives au dictionnaire chiffré (*note* 10), s'appliquent également à ce vocabulaire; sa composition n'est pas invariable, il peut s'adapter à toutes les langues et se modifier suivant les circonstances. Quand on a lieu de craindre qu'une indiscrétion n'ait divulgué le secret des transmissions, il suffit d'un changement dans la contexture pour les rendre de nouveau inintelligibles à toute personne étrangère au service.

D'après les considérations précédentes, il serait inutile de reproduire en entier ce vocabulaire, et quelques indications d'ensemble suffiront.

Les combinaisons binaires et ternaires étant celles qui demandent en général le moins de temps pour la transmission, seront affectées aux ordres dont l'emploi est le plus fréquent. Exemple :

33 — En avant.
34 — En retraite.
41 — Halte.
111 — Former les carrés.
112 — Se former par bataillon en masse.
113 — Faire rentrer les tirailleurs.
Etc. . . . .

Celles des combinaisons qui ne seront pas employées de cette manière représenteront les mots dont l'usage est le plus habituel dans les manœuvres;

Exemple : Bataillon, brigade, division. Avancer, envoyer, jalonner, se porter, etc.

Nombres.

Les nombres sont indiqués au moyen de combinaisons binaires auxquelles on affecte une valeur particulière, par exemple :

0. 1. 2. 3. 4. 5. 6. 7. 8. 9. sont représentés
par : 11. 12. 13. 14. 21. 22. 23. 24. 31. 32.

Le signal que l'on va transmettre un nombre est donné par

1 — Pour un nombre ordinal.
2 — Pour un nombre cardinal.

Si donc on veut énoncer un nombre, soit 700, on procédera ainsi :

1° Signal : attention — 2° 2 : nombre cardinal — 3° Séparation. — 4° 24 = 7. Séparation. — 5° 11 = 0. Séparation. — 6° 11 = 0 — séparation répétée 3 fois pour le signal : Fin du nombre.

Noms propres et autres mots non compris dans le vocabulaire.

On évitera autant que cela se pourra de faire entrer des mots de cette nature dans la composition des ordres, mais dans le cas où cela serait indispensable, on procédera ainsi qu'il suit :

1° On indique que l'on va transmettre un mot lettre par lettre, au moyen du chiffre 3.

2° On sonne ensuite chaque lettre du mot, en se guidant sur un alphabet qui peut être composé ainsi :

a. b. c. d. e. f. g. h. i. k. l. m. n. etc.
11. 12. 13. 14. 21. 22. 23. 24. 31. 32. 33. 34. 41. etc.

3° La fin du mot est marquée par le chiffre 4.

Le mot — défilé — par exemple, sera énoncé ainsi : 1° Attention — 2° 3 = mot transmis lettre par lettre, — séparation — 3° d = 14. e = 21. f = 22. i = 31. l = 33. é = 21. — 4° 4 = fin du mot. — Ou encore — Lodi. —

1° Attention — 2° 3 = mot transmis lettre par lettre. — Séparation — 3° L = 33. o = 42. d = 14. i = 31. 4° Le signal séparation, donné 2 fois, pour indiquer la fin de la dépêche.

Ce mode de transmission est beaucoup plus lent que le précédent, mais en raison de la nécessité dans laquelle on peut se trouver d'avoir à communiquer des mots de cette espèce, il était essentiel que le système fournît le moyen de les énoncer.

Le tableau ci-dessous donne la récapitulation des divers signaux et de leur signification :

NOTES.	NOMBRE d'émissions.	SIGNIFICATION.
Do........	1.	1.
Sol........	2.	2.
Do........	3.	3.
Mi........	4.	4.
Sol aigu....	1.	Attention — dans le courant de la dépêche : Séparation. —
Sol aigu....	2.	Fin de la dépêche.
Sol aigu....	3.	Fin du nombre.
Do isolé....	1.	Nombre ordinal.
Sol isolé....	2.	Nombre cardinal.
Do isolé....	3.	Transmission lettre par lettre.
Mi isolé....	4.	Fin de la transmission par lettre.

CONCLUSION.

Tel est l'exposé succinct de la méthode que nous proposons pour la transmission des ordres dans les grands mouvements de troupes, soit dans les camps d'instruction, soit sur les champs de bataille. Ses ressources sont restreintes, il est vrai ; elle ne présente pas l'étendue illimitée, pour ainsi dire, de plusieurs autres systèmes, mais elle offre par cela même la garantie d'une facile application pratique. En l'adoptant, on ne supprimerait pas entièrement les transmissions verbales, mais leur nombre serait considérablement diminué ; on éviterait une perte de temps, les divers mouvements gagneraient en rapidité, et l'on parerait ainsi à la plus grande partie des inconvénients signalés dans l'avant-propos.

NOTES.

(*Note* 1.) Ces deux appareils ne sont pas les seuls qui puissent être avantageusement utilisés en campagne ; plusieurs modèles ont été proposés ou employés et l'on n'a à cet égard que l'embarras du choix. La condition essentielle est qu'ils soient solides et facilement transportables. Au nombre des appareils remplissant ces conditions, nous citerons :

L'appareil de Morse fonctionnant au moyen de piles de Daniell. Il est en usage dans plusieurs armées allemandes.

Le télégraphe militaire de M. Hipp, décrit dans les *Annales télégraphiques* (1re année).

Quant aux deux appareils dont l'emploi est indiqué dans l'instruction, ils ont déjà fait leurs preuves ; le télégraphe Dignoy a fonctionné pendant la campagne d'Italie en 1859 ; le télégraphe électro-magnétique à cadran de Siemens se trouve sur plusieurs lignes permanentes du royaume de Bavière, et a été adopté comme appareil de campagne dans l'armée hanovrienne.

(*Note* 2.) Il est admis qu'une troupe de vingt hommes peut établir par jour 10 kilomètres environ de lignes suspendues ; ce tableau pose par conséquent un rapport normal entre le personnel d'une brigade et le matériel qu'elle peut mettre en œuvre.

(*Note* 3.) Dans l'origine on employait, pour fils conducteurs des lignes télégraphiques, des fils de cuivre que l'on prenait d'assez petit diamètre pour ne pas charger les poteaux destinés à les soutenir et qui étaient alors de petite dimension, mais on n'a pas tardé à les abandonner à cause de l'allongement démesuré qu'ils gardaient, de leur amincissement rapide et d'une espèce de trempe particulière qu'ils prenaient sous l'influence de l'humidité et de l'électricité et qui les rendait excessivement cassants. On leur substitua alors des fils de fer qui ne présentent pas les mêmes inconvénients, mais qui sont moins bons conducteurs de l'électricité.

Les fils de fer les plus convenables pour la télégraphie militaire paraissent être les fils recuits de $0^{m},002$ de diamètre ; on peut les dérouler facilement et les tendre à la main, ils sont de plus d'une pose facile et d'un raccord qui n'exige pas d'outil spécial ; il suffit, pour les fixer, de les enrouler deux fois autour de la tête du support isolateur, ce qui dispense des tendeurs, cloches d'arrêt, etc.

Ces fils pèsent environ 35 kilogrammes par 1000 mètres, chaque bobine représente donc un poids de fils de 78 kilogrammes. Ils sont ordinairement galvanisés, c'est-à-dire recouverts d'une mince couche de zinc, qui a pour objet d'empêcher l'action de l'humidité.

(*Note* 4.) L'âme des câbles est généralement de cuivre, parce que les inconvénients signalés dans la note précédente pour les fils de cuivre employés aux lignes suspendues n'existent plus qu'à un moindre degré, et que les propriétés conductrices de ce métal permettent de diminuer le diamètre du câble.

Celui que nous indiquons est employé dans les armées allemandes, et sert indistinctement, comme on le verra plus loin, pour le passage aux endroits où l'on ne peut planter des poteaux et pour le franchissement des cours d'eau, marais, etc.

Dans d'autres armées, en Italie par exemple, le matériel de campagne comprend des câbles spéciaux pour chacun de ces deux cas : pour le premier, c'est un câble de fil de fer recouvert de gutta-percha et de filin goudronné ; pour le second, un fil de cuivre à enveloppe de gutta-percha recouvert d'une armature de fils de cuivre très-fins, disposés en hélice.

(*Note* 5.) « On avait supposé dans le principe que des supports volants pourraient suffire au soutien des fils dans les lignes télégraphiques militaires et, en conséquence, on avait songé à n'employer que des espèces de perches de 4^{m},50, fendues par un bout, taillées en pointe par l'autre, que l'on devait ficher en terre comme des échalas ; c'est même ainsi qu'avait été organisée la télégraphie militaire des Autrichiens et des Piémontais, mais on n'a pas tardé à reconnaître que pour ces sortes de communications télégraphiques, comme pour la télégraphie permanente, il fallait une organisation solide de poteaux, qui pût non-seulement résister au choc des voitures et des mulets chargés qui encombrent toujours les routes à la suite des armées, mais qui fût dans des conditions telles que la cavalerie pût passer sous les fils avec armes et bagages et que les soldats ne pussent pas les enlever facilement pour en faire des supports à leurs tentes ou du combustible pour leurs feux.

D'après le rapport de M. Lair, ce seraient des poteaux de 6 mètres, ayant pour diamètres extrêmes $0^m,10$ et $0^m,05$, qui devraient être choisis pour cet emploi, et ces poteaux devraient porter à leur sommet une petite tige de fer afin que l'on pût y fixer, immédiatement après la pose et sans le secours d'aucun outil, le support isolateur. Celui-ci devrait être de caoutchouc et disposé comme dans le système autrichien; cette disposition n'est, du reste, autre que celle du support à champignon, (à cette différence près que la tige de fer qui doit le soutenir, au lieu d'être scellée d'une manière fixe dans la tête du champignon, n'y est simplement qu'enfoncée et retenue par la force élastique du caoutchouc. Ce système d'isolateur a l'avantage d'être très-léger, incassable et d'un maniement extrêmement facile.» (Du Moncel, *Traité théorique et pratique de télégraphie électrique.*)

C'est l'isolateur proposé par M. Lair que nous avons adopté de préférence à l'isolateur à étrier indiqué dans l'instruction allemande, qui est fragile et occupe plus d'espace dans la voiture.

Les meilleurs poteaux sont de bois de sapin. Afin d'atténuer la décomposition rapide produite par l'humidité et par les ravages des insectes, on les injecte d'après le procédé Boucherie, au moyen d'une dissolution d'un kilogramme de sulfate de cuivre dans 100 kilogrammes d'eau. On pourrait employer au même usage le chlorure de zinc et la créosote.

Les poteaux constituant le chargement de chacune des voitures à matériel pesant doivent être distingués par une marque particulière bien apparente, qui est reproduite sur un des côtés de la voiture. Au moyen de cette précaution, lorsque plusieurs voitures ont concouru à la construction d'une ligne, on reconnaît sans peine, au moment du reploiement, le matériel qui appartient à chacune d'elles et l'on évite ainsi les chargements inégaux et les transports inutiles.

(*Note* 6.) Les principales conditions auxquelles un tracé doit satisfaire sont

1° Suivre une ligne droite, autant que la configuration du terrain le permet.

2° Éviter les franchissements de chemins.

3° Veiller à ce que le pied des poteaux soit facilement accessible en tout temps, afin de permettre les réparations.

4° Diminuer autant que possible le nombre des angles et les faire aussi ouverts que les circonstances le comportent. En effet, un poteau établi sur une ligne droite étant également sollicité des deux côtés par la tension du fil, est maintenu dans la position verticale, tandis qu'au contraire, s'il forme le sommet d'un angle, les tensions latérales ne se détruisant plus mutuellement, il est sollicité en avant par une force égale à la résultante de ces tensions et qui agit suivant la bissectrice de l'angle formé par les deux directions du fil. Plus l'angle sera aigu, plus cette force sera considérable. Il sera donc utile de répartir l'angle sur plusieurs poteaux également espacés et convenablement consolidés au moyen de haubans.

(*Note* 7.) « La plantation des poteaux est une opération assez délicate et pour laquelle une certaine habitude est nécessaire ; il faut que le trou soit le plus petit possible, afin que la terre présente de la résistance et pour cela on est obligé de le faire étroit et allongé ; il faut, en un mot, qu'il n'ait que la grandeur nécessaire pour qu'un homme puisse manœuvrer ses outils. Enfin on doit disposer le trou de manière que sa moindre largeur soit dans le sens où s'opère la traction. » (Du Moncel.)

Le poteau étant placé, la terre doit être damée par couches de 20 à 30 centimètres.

(*Note* 8.) Le vent imprime aux fils des oscillations qui peuvent lui faire toucher les corps environnants et occasionner des ruptures ou des mélanges. L'amplitude de ces oscillations ne pouvant dépasser la longueur de la flèche de courbure des fils, il suffira, pour éviter l'inconvénient qui vient d'être signalé, que l'intervalle entre la ligne des poteaux et les objets voisins soit égal à cette flèche.

(*Note* 9.) On peut aussi, dans certains cas, éviter l'emploi de poteaux en se servant des arbres qui se trouveraient sur la direction de la ligne à établir. Ce moyen serait fort commode lorsque la ligne suit une route ou un chemin vicinal, ces voies étant presque toujours bordées d'une rangée d'arbres. On fixe les pattes isolantes au-dessous de la naissance des grosses branches et l'on élague les parties qui pourraient toucher le fil.

Ce système a déjà été employé en campagne et partiellement aussi sur quelques lignes permanentes, notamment aux États-Unis.

(*Note* 10.) Les nombreux exemples de ce genre qui se sont produits pendant la guerre d'Amérique ont démontré la nécessité de l'adoption de conventions particulières qui permissent, en cas de besoin, d'assurer le secret des communications échangées. On ne pourra pas éviter ainsi la rupture de la ligne par des partisans ennemis, mais on les mettra du moins dans l'impossibilité de tirer parti des dépêches interceptées et de répondre par des indications fausses aux demandes qu'ils auraient surprises.

La méthode suivante paraît remplir toutes les conditions désirables par la facilité de son application et l'étendue de ses ressources :

a). *Combinaisons des dix chiffres.*

1° Les chiffres de 1 à 6, employés isolément, désignent les pronoms personnels et les temps des verbes ou des auxiliaires *être* et *avoir* :

CHIFFRES.	VERBES AUXILIAIRES.		PRONOMS personnels.	TEMPS DES VERBES.
1	Eu.	Été.	Je, moi.	Participe passé.
2	Ayant.	Étant.	tu.	Participe présent.
3	J'ai, etc.	Je suis, etc.	Il, elle, on.	Indicatif présent.
4	J'avais ou j'eus, etc.	J'étais ou je fus, etc.	Nous.	Imparfait.
5	J'aurai, etc.	Je serai, etc.	Vous.	Futur.
6	J'aurais, etc.	Je serais, etc.	Ils.	Conditionnel.

2° Les trente-six combinaisons binaires que comportent les chiffres de 1 à 6 représentent les dix chiffres et les vingt-six lettres de l'alphabet, savoir : de 11 à 24 pour les chiffres, de 25 à 66 pour les lettres.

3° Les combinaisons ternaires et quaternaires des 10 chiffres représentent les mots les plus nécessaires en campagne, de telle manière qu'à chacune de ces combinaisons répond à volonté et suivant la dépêche, soit un verbe, soit un substantif, un adjectif, une conjonction, etc. (Voy. les indications relatives au *Dictionnaire*.) On pourrait donc ainsi avoir à sa disposition, en cas de nécessité, jusqu'à 22 000 mots.

b). *Transmission des dépêches.*

1° *Dépêches par lettres.* — Une dépêche peut être transmise lettre par lettre ; dans ce cas, on n'emploie que les combinaisons binaires. Pour composer une dépêche de cette nature, on l'écrit en colonne verticale et l'on pose à côté de chaque lettre les chiffres correspondants; pour déchiffrer une dépêche, on sépare les chiffres écrits en colonne horizontale, en tranches de deux, et l'on inscrit au-dessus de chaque tranche la lettre ou le chiffre correspondant.

On se conforme, du reste, pour la ponctuation, la séparation des mots, etc..., aux principes posés § 32 et § 36.

2° *Dépêches composées au moyen du Dictionnaire.* — Quand on a à transmettre des dépêches d'une certaine longueur, pour lesquelles l'envoi de chaque mot lettre par lettre exigerait un temps trop considérable, on peut abréger l'opération en se servant du *Dictionnaire* et du tableau ci-dessus.

Chaque combinaison de chiffres représentant un mot devra être séparée de la combinaison suivante par un signe spécial (case vide pour l'appareil à cadran — Z (— — ..) pour l'appareil écrivant).

Les noms propres et les autres mots non compris dans le *Dictionnaire* sont transmis lettre par lettre au moyen des combinaisons binaires.

Dans la composition des dépêches, pour exprimer les verbes, on indique d'abord l'infinitif au moyen du *Dictionnaire*, puis la personne et enfin le temps en se servant du tableau. On sépare au moyen du signal = séparation = les nombres ou les chiffres qui indiquent ces différentes parties.

Quand on a à employer un temps composé, on prend d'abord l'infinitif du verbe auxiliaire, puis la personne, le temps, et enfin l'infinitif du verbe propre.

Pour la ponctuation, la rectification des erreurs, etc..., on suit les règles posées par le § 32 et le § 36.

3° *Dictionnaire.* — Le dictionnaire est formé suivant l'ordre des lettres de l'alphabet par les combinaisons ternaires et quaternaires des chiffres de 0 à 9. Il est disposé dans la forme suivante :

A (de 000 à 508).

Abattre — 000 — Abattis.
Aborder — 001 — Abord.
Accoutumer — 002 — Alors.
....
Attendre — 501 — Avis.
etc... —

Ce dictionnaire n'est pas arrêté d'une manière définitive. Il peut être composé au commencement de chaque campagne dans la langue de l'armée qui doit en faire usage et selon les besoins du moment. Quand on a lieu de craindre que la clef du chiffre ne soit connue par des personnes étrangères, il suffit d'un changement dans la contexture du dictionnaire (par exemple faire monter ou descendre les nombres d'un ou plusieurs rangs) pour rendre le secret aux communications.

Le caractère éminemment variable du dictionnaire rend inutile sa reproduction *in extenso*; l'exemple donné ci-dessus suffit pour indiquer la marche à suivre.

La double signification de la plupart des nombres n'est pas de nature à produire des malentendus, car une de ces significations étant toujours un verbe et ce verbe étant suivi immédiatement dans la transmission, des chiffres indiquant la personne et le temps, l'absence de ces chiffres fait voir clairement qu'il faut prendre l'autre acception.

(*Note* 11.) La plus légère pression suffit pour produire ces traces ; on peut donc faire agir directement le courant de la ligne sur l'électro-aimant du récepteur et l'on évite ainsi l'emploi de la batterie locale ou écrivante nécessaire dans l'appareil de Morse où il faut que le poinçon agisse avec force sur la bande de papier pour produire les gaufrures qui forment les lettres.

(*Note* 12.) L'action chimique qui produit le dégagement de l'électricité dans la pile à sulfate de mercure provient de la décomposition de l'eau. Le zinc s'oxyde, l'hydrogène réduit le sulfate de mercure ; il se fait dans le vase de verre du sulfate de zinc et le mercure métallique provenant de cette réaction se précipite au fond du vase poreux. Il peut être repris et traité par l'acide sulfurique pour obtenir du sulfate de protoxyde de mercure qui peut servir de nouveau à mettre la pile en action.

L'énergie de cette pile, la facilité de son entretien et le petit volume auquel on peut la réduire l'ont fait préférer à la pile de Daniell adoptée par le règlement allemand.

(*Note* 13.) Des circonstances de guerre pouvant amener la nécessité de faire usage de l'appareil de Morse et de la pile de Daniell, nous croyons devoir reproduire la partie du règlement allemand relative à la description et au fonctionnement de l'appareil et à la composition de la pile:

APPAREIL DE MORSE.

Parties principales de l'appareil.

L'appareil de Morse se compose des parties principales suivantes :

1. Le plancher de l'appareil avec sept vis de laiton pour recevoir et conduire les divers fils.

2. La clef dont les parties sont :

   a. Le levier à deux bras avec sa poignée.
   b. Le support du levier.
   c. Les deux contacts (contact de travail et contact de repos) avec leurs contre-contacts.
   d. Le ressort qui, dans l'état de repos de la clef, presse le contre-contact sur le contact de repos auquel cas la clef ou la pile est dite *ouverte*, tandis que, au contraire, on dit que la pile est *fermée* lorsque le levier de la clef est pressé au moyen de la poignée sur le contact de travail.
   e. La vis qui règle le mouvement du levier.

3. Le galvanomètre qui remplit les fonctions d'indicateur du courant.

4. Le relais avec la batterie locale ou écrivante. Ses parties principales sont :

   a. L'électro-aimant.
   b. Le levier.
   c. Les deux contacts (repos et travail).
   d. La pile locale ou écrivante.

But du relais. — Les longs parcours affaiblissent le courant par suite de la déperdition peu considérable mais impossible à éviter, du fluide par voie indirecte ; en conséquence la pile de la ligne n'a plus assez de force pour produire sur l'électro-aimant de la station la plus éloignée une action suffisamment énergique pour que celui-ci attirant le levier pousse le poinçon avec la vigueur nécessaire pour qu'il laisse une empreinte bien marquée sur la bande de papier.

C'est pour éviter cet inconvénient que l'on intercale des relais. Malgré les pertes, le courant de la ligne agit avec assez d'intensité sur l'électro-aimant du relais de la station la plus éloignée pour lui permettre d'attirer le levier, très-mobile du reste et en contact presque immédiat avec lui. Aussitôt que cette attraction se produit la pile locale de cette station est fermée ; son courant se porte sur l'électro-aimant de l'appareil récepteur et de celui-ci sur le poinçon ; mais aussitôt que la pile de la ligne placée à la station de départ est ouverte au moyen de la clef, la pile locale de la station la plus éloignée s'ouvre également et le courant disparaît de l'appareil récepteur.

5. L'appareil écrivant. Ses parties sont :

a. L'électro-aimant.
b. Le levier.
c. L'armature de fer doux.
d. Le poinçon d'acier.
e. Le ressort à boudin.
f. Le mouvement d'horlogerie destiné à entraîner la bande de papier ; la clef pour le monter et la goupille pour l'arrêter.

Fonctionnement de l'appareil écrivant. — Chaque fois qu'un courant est amené dans l'électro-aimant, celui-ci attire le levier et presse le poinçon contre le papier. Quand le courant cesse, l'électro-aimant perd son action et le ressort à boudin rabat le levier.

Le mouvement d'horlogerie a pour but de dérouler le papier pour le faire passer sur le poinçon.

6. La pile.

C'est une pile de Daniell qui se compose de quatre vases de porcelaine, des vases d'argile poreuse, des cylindres de cuivre et de zinc, etc. Chaque vaisseau de porcelaine renferme quatre éléments.

7. La plaque de terre avec ses fils de communication et ses vis de pression.

LA PILE.

Composition de la pile.

A chaque vase de porcelaine comprenant quatre éléments correspondent quatre cylindres massifs de zinc, quatre vases d'argile (avec un fond), quatre cylindres de cuivre et une quantité proportionnée de fils de cuivre et de pinces serre-fils.

Manière de la former.

a. Pour former un élément de la pile, on place d'abord dans un des compartiments du vaisseau de porcelaine le cylindre de cuivre ; dans celui-ci on introduit le vase d'argile, et enfin, dans ce dernier, le cylindre de zinc.

b. On relie ensuite par un fil métallique chaque cylindre de zinc d'un élément avec le cylindre de cuivre de l'élément suivant. Les extrémités de ces fils forment les pôles de la pile (électrodes) qui sont reliés plus tard avec les pôles de l'appareil.

Dans cette opération de jonction au moyen des fils, il faut veiller à ce qu'il y ait contact réciproque entre ceux-ci et les pinces de réunion et à ce que les extrémités des fils soient toujours décapées ainsi que les trous des pinces.

c. On remplit alors la pile ; on verse dans le vase d'argile, jusqu'aux trois quarts de sa hauteur, un mélange d'eau et d'acide sulfurique, et dans l'espace compris entre le vase d'argile et celui de porcelaine, également jusqu'aux trois quarts de la hauteur, une dissolution concentrée de sulfate de cuivre.

Il faut avoir attention que le mélange d'eau et d'acide sulfurique ne soit ni trop fort ni trop faible ; dans le premier cas, le cylindre de zinc serait attaqué avec trop de force ; dans le second, le courant n'aurait pas l'intensité nécessaire ; la dissolution remuée au moyen d'un fil de gutta-percha doit avoir à peu près la saveur du vinaigre.

On aura soin, en procédant au remplissage de la pile, de ne pas mélanger les deux liquides ; à cet effet il sera bon de faire usage d'un entonnoir.

d. Afin d'éviter une déperdition de ces liquides pendant le transport de la batterie, on les saturera préalablement avec de la sciure.

Démontage de la pile.

Lorsque la pile doit rester pendant un ou plusieurs jours sans être employée, il est bon de la démonter pour éviter une usure trop rapide.

Cette opération se fait de la manière suivante :

a. On dévisse d'abord les vis de réunion des fils.

b. On retire les cylindres de cuivre et de zinc ainsi que le vase d'argile ; on les lave à l'eau au moyen des brosses données à cet effet.

c. On peut laisser les liquides en place, mais pour éviter qu'ils ne s'éventent on aura soin de les couvrir.

L'emploi de l'appareil de Morse et de la pile à sulfate de cuivre apporterait les changements suivants dans l'inventaire de la voiture-station (voy. p. 49).

a. *L'appareil et ses accessoires.*

1. Un appareil complet de Morse comprenant le plancher de l'appareil avec les sept vis en laiton et la goupille, la clef, le galvanomètre, le relais et l'appareil écrivant.
2. Le couvercle de l'appareil.
3. Un barillet de rechange.
4. Un électro-aimant et un levier dans un étui.
5. Une plaque de terre en cuivre avec ses fils de communication et ses vis de pression.

b. *La pile et ses accessoires.*

Une caisse garnie de feutre et trois morceaux de feutre.
Quatre vases de porcelaine à quatre éléments.
Vingt-huit vases d'argile.
Vingt-quatre cylindres de cuivre.
Vingt-quatre cylindres de zinc.
Une grande bouteille clissée pour la dissolution de vitriol.
Une grande bouteille clissée pour l'acide sulfurique étendu ou l'eau.
Une bouteille clissée plus petite pour l'acide sulfurique anglais.
Une petite bouteille pour l'acide sulfurique anglais.
Une boîte avec couvercle pour le sulfate de cuivre.
Une boite pour la sciure.

Il n'y a pas de changement quant au reste du matériel.

(*Note 14.*) Les lignes rampantes n'ont pas encore, comme les lignes suspendues, subi l'épreuve de la pratique en campagne. Cependant l'utilité de leur emploi a été reconnue depuis longtemps et plusieurs tentatives ont été faites dans le but d'arriver à un système d'une application facile. Nous avons déjà mentionné les expériences faites au camp de Châlons en 1862, avec des câbles reposant à terre ; pendant la même année des essais analogues furent faits au champ de Mars au moyen d'une voiture de matériel escortée par des hommes à cheval munis de perches légères ; de 100 mètres en 100 mètres, le cavalier plaçait le fil déroulé par la voiture dans une fente pratiquée au sommet de la perche, puis il la tournait deux fois sur elle-même pour assujettir le fil et il la piquait en terre.

En 1865, de nouvelles expériences ont été faites au camp de

Somma (Italie) avec des câbles déposés sur le sol ; les résultats ont été satisfaisants et il est permis de supposer que c'est dans cette voie qu'il faut pousser la question. C'est d'après les diverses indications relatées ci-dessus que nous avons donné les principes qui font l'objet du chapitre II.

(*Note* 15.) On pourrait augmenter de beaucoup l'étendue du vocabulaire en prenant huit chiffres au lieu de quatre et en admettant que chacune des quatre notes, «do, sol, do, mi», sonnée une fois, désigne les chiffres 1, 2, 3, 4, et que les mêmes notes sonnées deux fois correspondent aux chiffres 5, 6, 7, 8. On pourrait aussi ne faire usage que d'une seule note qui, par la combinaison des sons longs et des sons brefs, représenterait les neuf chiffres ; mais ces procédés seraient d'une application fort difficile. On perdrait en précision ce que l'on gagnerait en étendue.

Dans le système que nous proposons, chaque chiffre est indiqué en même temps par la note et par le nombre des émissions de cette note ; ces deux indications se contrôlent réciproquement, de telle sorte qu'avec un peu d'habitude, lors même qu'un poste de la ligne n'aurait pas perçu nettement le nombre d'émissions, la simple audition de la note suffirait pour lui permettre d'établir la valeur du chiffre transmis.

FIN.

TABLE DES MATIÈRES.

FIN DE LA TABLE.

Paris. — Imprimerie de E. Martinet, rue Mignon, 2.

Paris. — Imprimerie de E. Martinet, rue Mignon, 2.

www.ingramcontent.com/pod-product-compliance
Ingram Content Group UK Ltd.
Pitfield, Milton Keynes, MK11 3LW, UK
UKHW031924260826
14628UKWH00003B/1395

9 782013 703024